季刊 考古学 第21号

特集 縄文文化の地域性

● 口絵(カラー) 生者の村と死者の村
　　　　　　　植物性食料の地域性
　　　　　　　東西の晩期の土器
　　　　　　　亀ヶ岡文化後半期の呪物

(モノクロ) 早期中葉土器の2つの流れ—沈線文と押型文
　　　　　諸磯b式土器の地域差
　　　　　関東・関西の「亀ヶ岡系土器」
　　　　　対馬佐賀貝塚出土の骨角器

座談会・縄文文化の地域性—世界・アジア・日本
　　　　　　　　　　　　加藤晋平・佐原 眞・林 謙作 *(14)*

土器型式—地域性の指標

　貝殻・沈線文系土器 ——————————— 髙橋　誠 *(28)*
　押型紋土器 ——————————————— 岡本東三 *(33)*
　諸磯b式土器 —————————————— 羽生淳子 *(40)*
　亀ヶ岡と亀ヶ岡もどき ————————— 林　謙作 *(45)*

地域性の具体像

ヒトの形質	小泉清隆	(51)
動物性食料	松井 章	(56)
植物性食料	泉 拓良	(63)
骨角製漁具	西本豊弘	(68)
呪　物	稲野裕介	(74)
集　落	丹羽佑一	(79)
長崎県佐賀貝塚の骨角器	正林 護	(72)

最近の発掘から

縄文前期の集落跡 宇都宮市聖山公園遺跡―――梁木 誠 (87)
古墳時代末期の特殊土器片 松江市池ノ奥C遺跡―――岡崎雄二郎・瀬古諒子 (93)

連載講座　日本旧石器時代史

6. ナイフ形石器文化の編年と地域性―――岡村道雄 (95)

書評―――(101)
論文展望―――(103)
文献解題―――(105)
学界動向―――(108)

表紙デザイン・目次構成・カット
／サンクリエイト

生者の村と死者の村

秋田県鹿角市の万座遺跡は，大湯環状列石と総称される後期中葉の墓址である。内外2環状帯の組石墓群に同形式（同種遺構）の同心円的分割配置が認められる。神奈川県横浜市の神隠丸山遺跡は，中期後半，後期前半の集落址である。中期後半には内から外へ土壙墓群，長方形柱穴列建物群，住居群の異形式の同心円的分割配置に南北2大住居群，西部第3住居群の区分にみる同形式の直径的分割配置が組合わされる。後期前半に至って，西に移動した内外2重住居群に同形式の同心円的分割配置の萌芽が認められる。地域を異にし，遺跡の形式を異にするけれども，両遺跡間には共通した形態と，変容する同心円的空間構成が認められる。墓址の形成に明らかなように，この形態と空間構成が，幾世代にわたる村づくり，墓づくりの変わらぬ原理であったのだ。これは考古学でいう範型，あるいは型式に相当する。

構　成／丹羽佑一

秋田県万座遺跡　鹿角市教育委員会提供

神奈川県神隠丸山遺跡　横浜市港北ニュータウン埋蔵文化財調査団提供

植物性食料の地域性

構成／泉 拓良

縄文前期の貯蔵穴

曽畑貝塚（熊本県宇土市岩古曽町）の西側約100mの低湿地を熊本県教育委員会が国道バイパス建設に伴い発掘調査した。水田下（1.5m〜4.5m）の良好な包含層は主に縄文前期〜晩期である。とくに曽畑式土器を伴う約60基の貯蔵穴群が検出され，その構造および貯蔵物を明らかにしている。また多種類の自然遺物や木製品（網代），完形のヒョウタンなども出土している。

解　説／江本　直
写真提供／熊本県教育委員会

◀調査地と曽畑貝塚（後方）
▼貯蔵穴36号から出土したイチイガシと網代

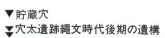

▼貯蔵穴
▼穴太遺跡縄文時代後期の遺構

縄文後期の貯蔵穴

穴太（あのう）遺跡（滋賀県大津市）は縄文時代後期から平安時代にかけての複合遺跡である。第3次調査（昭和59年度）において，縄文後期に遡る河川跡の周辺に住居跡や集石遺構が検出された。また河川跡周辺にイチイガシやカヤ，カエデなど大木の根が残存しており，当時の自然環境が復元でき，同河川の岸には貯蔵穴2基が残存していた。貯蔵穴は直径が約80cm，深さが約50cmのものと，直径約30cm，深さ約20cmのやや小型のものである。貯蔵穴にはトチ，ナラ，クルミなどの種子が良好な状態で遺存していた。

解　説／中川　正人
写真提供／滋賀県教育委員会

東西の晩期の土器

構成／林　謙作
写真提供／講談社

北上市九年橋遺跡の大洞C₂式土器と，大津市滋賀里遺跡の滋賀里Ⅰ式土器のセット。粗製土器は有文・無文の大型深鉢である。西日本の精製土器はほとんど鉢・浅鉢だけであるが，東日本では壺・壺から転化した注口が（写真では多くないが）重要な位置をしめる。粗製＝煮炊き，精製＝供献・食器という機能差を連想しやすいが，ともに煮こぼれの痕跡があり，はれとけの場での使いわけであったことを示している。

岩手県九年橋遺跡出土土器　北上市教育委員会保管

滋賀県滋賀里遺跡出土土器　京都大学考古学研究室保管

亀ヶ岡文化後半期の呪物
北上市九年橋遺跡出土資料

東北地方の縄文時代晩期にはさまざまの呪物の存在が知られているが，前半期と後半期では内容に変化がある。前半期の遮光器土偶の目は退化し，大きく腰の張出した土偶となる。小形の中実土偶も出土する。土版の出土点数が岩版を上回る。石剣の出土点数も前半期の遺跡よりも増加する。前半期の遺跡ではみられない石冠や独鈷石も出土する。小型の耳飾りや玉類など土製品が増加するが，ほとんどのものに赤色顔料の塗布が行なわれる。

構　成／稲野裕介
保管／北上市教育委員会

中空土偶

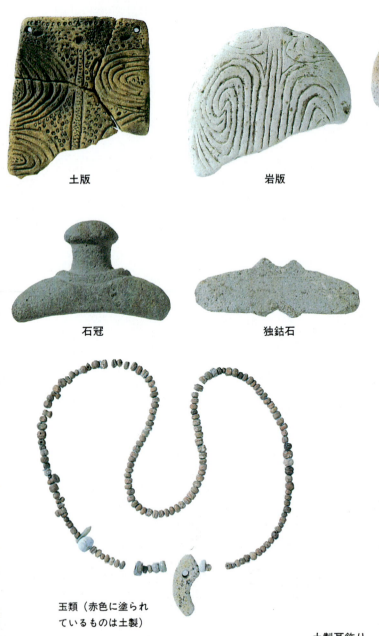

土版　　岩版　　　　　　　　中実土偶

石冠　　独鈷石

石剣・石刀

玉類（赤色に塗られているものは土製）

土製耳飾り

早期中葉土器の２つの流れ——沈線文と押型文

貝殻・沈線文系Ｉｂ段階の土器

貝殻・沈線文系のＩｂ段階には２つの大きな流れが確立しつつある。東北地方北部の日計式を母胎とする大新町例は変形菱形文を大胆に描き，文様帯は１段。これに対し，竹之内式の伝統をひく庚塚例の文様帯は多段となり，押型文土器以来の趣を残している。

構　成／髙橋　誠　　協　力／石橋宏克

盛岡市大新町遺跡
盛岡市教育委員会提供

千葉県庚塚遺跡
千葉県文化財センター提供

押型文前半期の土器

押型文土器は北海道を除く日本全土に広く分布するが，その中にも地域性が認められる。東北地方には日計式，関東地方には撚糸文土器に伴う押型文，中部地方には沢式・樋沢式，近畿地方には神宮寺式・大川式とよばれる特徴的な押型文が分布している。

構　成／岡本東三

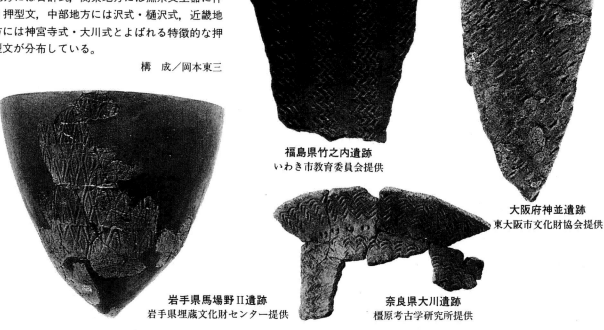

福島県竹之内遺跡
いわき市教育委員会提供

大阪府神並遺跡
東大阪市文化財協会提供

岩手県馬場野Ⅱ遺跡
岩手県埋蔵文化財センター提供

奈良県大川遺跡
橿原考古学研究所提供

諸磯b式土器の地域差

同一型式の分布圏内でも，型式を構成する特定の属性に注目して土器分類を行ない，各遺跡における各群の出現率を比較することによって，地域差を指摘しうる。関東地方南部地域と関東地方北西部地域において，A群，B1群，C群，B2群の4つの土器群の出現率を比較した結果，各群の出現率の時間的変化は，両地域において異なっていることがわかった。

構成／羽生淳子

1．A群：爪形文土器　神奈川県折本貝塚

2．B1群：沈線文系土器
東京都多摩ニュータウンNo.457遺跡

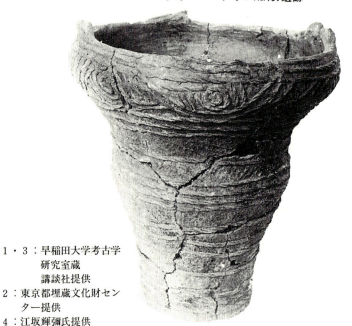

4．C群：浮線文系土器
神奈川県折本貝塚

1・3：早稲田大学考古学
　　　研究室蔵
　　　講談社提供
2：東京都埋蔵文化財セン
　　ター提供
4：江坂輝彌氏提供
　　旧大山史前学研究所蔵
5：埼玉県教育委員会提供

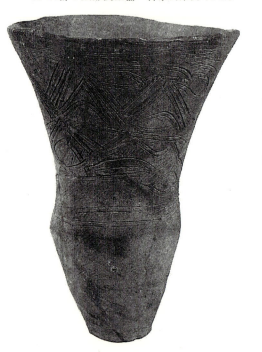

3．B1群：沈線文系土器　神奈川県折本貝塚

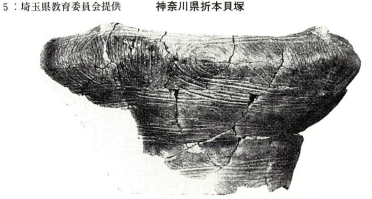

5．B2群：沈線文系土器　埼玉県東光寺裏遺跡

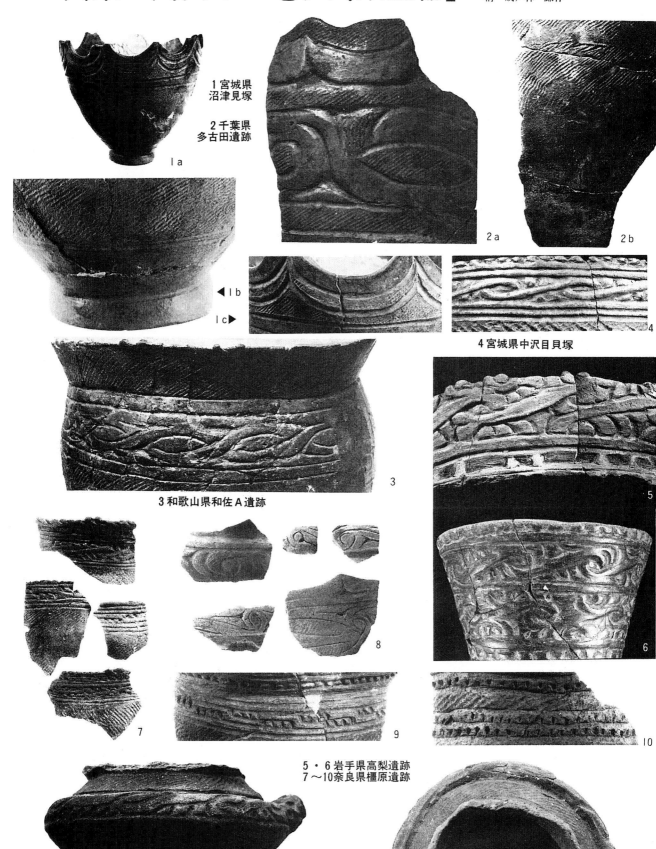

対馬佐賀貝塚出土の骨角器

構　成／西本豊弘
写真提供／長崎県教育委員会

　長崎県佐賀貝塚出土の骨角器の第一印象は縄文時代後期の骨角器伝統が対馬まで及んでいることである。つり針などに北部九州的な特徴がみられるが，全体的な枠組は縄文後期的な骨角器組成といえる。しかし，それと同時に土器や石器・骨角器の素材などをみると，朝鮮半島との文化的交流がかなり活発であったことが想像される。われわれは縄文文化の側から対馬や朝鮮半島の文化を見るが，もし対馬に立って，そこから朝鮮半島や日本を見たら，どうであろうか。縄文後期の骨角器伝統と見たものが，その一部は対馬を経て日本に入っていたことも考えられるのである。

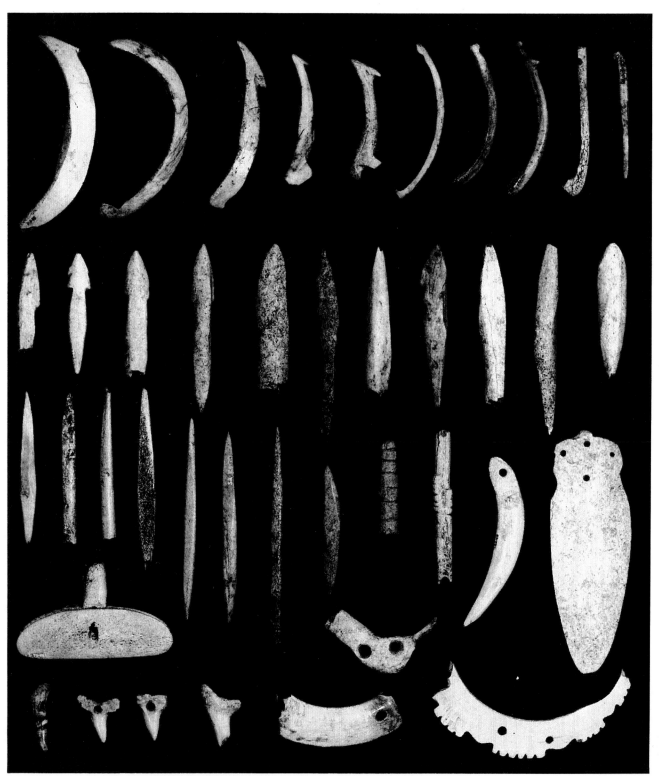

佐賀貝塚出土の骨角器（つり針，刺突具，鹿角製シカ笛，キバノロ犬歯製有孔品など）

季刊 考古学

特集

縄文文化の地域性

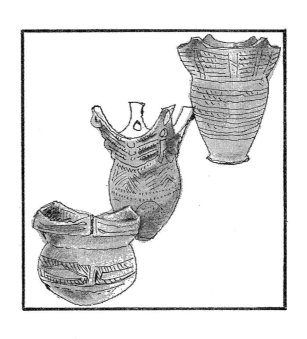

座談会 縄文文化の地域性—世界・アジア・日本

加藤晋平・佐原　眞・林　謙作
千葉大学　　奈良国立文化財研究所　北海道大学

　林　本日はお忙しい中をわざわざご出席いただきましてありがとうございます。

　初めに、この座談会の趣旨を少し説明させていただきます。今回「縄文文化の地域性」というテーマで地域性を扱うわけですが、そのまえに縄文文化というものがどういう特色を持っているのかということ、それをまずまとめておく必要があるだろうと思います。それには私一人の独断と偏見でやるのも手ですが、加藤先生、佐原先生にもご出席いただいて縄文文化というもののイメージをはっきりさせてみようということで、ご無理をお願いしたわけです。

　まず世界の中で縄文文化がどういう位置づけを持つのかということを問題にしたい。たとえば、同じ年代で世界を輪切りにした場合に、どういう位置づけになるのか。そういう立場からご意見なりご指摘をいただければと思います。

　次の問題は、日本の先史文化の流れの中で、縄文文化というのはどういう位置を占めるのかということ。これは今までのご専門からいって、旧石器と縄文文化のつながりや違いというものを加藤先生にお願いしまして、弥生文化と縄文文化がどこでつながり、どこで違うかということは佐原先生にお願いしたいと思います。

1　世界の中の縄文文化

（1）　シベリア・中国と日本

　加藤　まずシベリアからお話してみようと思います。日本の縄文文化開始の年代が放射性炭素年代でみと1万年を越えるので、一時論争が起きました。ここでは、その問題に立ち入らずに、放射性炭素年代の面だけで、日本に隣接する大陸の土器出現の年代が、いったいどのくらいまでさかのぼるかという問題を単純に考えてみます。

　粘土をこねて何かを作るという技術に関してはシベリアではかなり古くからあります。エニセイ川上流のマイニンスカヤという後期旧石器遺跡から土偶が出ています。粘土をこねて何らかの造形物をつくるというのはチェコスロバキアのドルニ・ヴェストニツェでも認められ、それは2万数千年前です。このマイニンスカヤ遺跡も1万3千年よりも古い、後期旧石器の終末だろうと思われます。

　その次に土器初現の年代でいちばん古いのはいつかといいますと、ハバロフスクより少し下流のガシャという遺跡です。ここでは平底の、表面に条痕文を持っている土器が出ています。それと一緒に細石刃石核、両面加工の尖頭器という、いわゆる細石刃石器群が出てきています。C-14の年代は1万2千年です。

　それからザバイカル地方のモンゴルとの国境近くにウスチ・キャフタⅠという遺跡があり、ここでも細石刃石器群に伴って土器細片が出ています。そのうちの1点には表面に条痕があります。以上の2例はともに1万年を超えるC-14年代のものです。

　細石刃石器群に伴う土器群は、まだほかにもあります。それは、レナ川の上流ビチム川流域にウスチ・カレンガという遺跡があるんです。この遺跡では、表面にジグザグの櫛目文を底まで全部、横走させている土器が出るんです。そこに一緒に荒屋型彫器が出てくる。ただC-14年代は6,800年ぐらいで出てきている。少し新しすぎる気がします。

それから，バイカル湖から流れ出すアンガラ川上流にガレリ・リョスという遺跡があります。多層位遺跡でして，いちばん下からは網目圧痕のついた土器と，撚糸文みたいな土器が十数点出ています。それは C-14 で，8,444 年という年代が出ています。以上のように 1 万年近い年代をもついくつかの遺跡が最近シベリアでは見つかってきているということです。

次に中国では C-14 年代でいちばん古いグループは，まず広西省仙人洞で，C-14 で 8,800 年前ぐらいです。それから広西自治区に甑皮岩という遺跡がありますが，9 千年近い年代です。どっちも縄蓆文の土器で，広西省の仙人洞のは撚糸文で丸底が出ています。

私，今年の 3 月に南京の博物館まで行ってきまして，そこで葛治功先生に見せてもらったのは，江蘇省の神仙洞から出ている 11,200 年前の土器でした。それは無文の土器片で，赤褐色のものでした。

それから広東省に青徳英塘という遺跡があります。ここで撚糸文の土器が出ていまして，向こうで 1 万年ぐらい前だという。それで，日本で C-14 の年代測定を行なうために上層，下層の両方の貝殻をもらって帰ってきて，いま頼んでいるところです。多分，1 万年ぐらい前と出てくるんじゃないかと思います。

以上のように，C-14 年代で見るかぎり，中国においてもシベリアにおいても，土器の出現期は日本と同じぐらいだということです。

日本の縄文土器は撚った縄を転がして施文するわけですが，中国の縄蓆文にしても撚糸文にしてもみんなたしかに繊維を撚っているわけですが，そのままないし板とか棒に捲きつけて押しつけるという点で，その施文方法が違うわけです。シベリアの網目圧痕でも網の結び目みたいな部分に撚った繊維が見えますから，たしかに古い段階から撚った縄が使われているが，転がしてはいないということです。

シベリアにも転がして縄文をつける技術は確かにあります。それは新石器時代中期のベリカチ文化に認められます。かなり広い範囲に北東シベリアに広がっているんですが，それはみんな縄を転がした土器なんです。しかし，年代的には紀元前 3,000 年紀ですから，日本でいえば縄文後期くら

加藤晋平氏　　佐原　眞氏　　林　謙作氏

いに当たる時期です。

それから絡条体圧痕文の土器もかなりあります。ハバロフスクから少し下流のマラヤ・ガバニという遺跡では絡条体圧痕文の土器がたくさん出土します。

その遺跡では黒曜石の石器があります。昨年，破片を 2 点もらって鈴木正男氏に頼んで原産地推定をやってもらったんです。そのうちの 1 点は白滝のものと全く一致しました。もう 1 点は不明でした。ですから，少なくとも絡条体圧痕文を持つアムール流域の土器文化の中には，北海道から黒曜石がもちこまれているということは事実であるわけです。

1930 年代に，山内清男先生は縄文の原郷土は北アジアではないかということを言われたことがあるんです。先生はごらんになっていたのかもわかりませんけれども，北アジアには縄を転がして文様をつける土器がたしかにあり，そういう意味では非常に縄文的な土器が北アジアには存在するのです。

佐原　さっきお話しになった土器の中で，かけらしか出てきていないところは仕方がないんだけれども，たとえば広西省の仙人洞の場合は，口の直径と高さを比べると高さのほうが大きい。日本でいういわゆる深鉢ですね。ほかのたとえばアムールのガシャのはどうですか。

加藤　深鉢です。

佐原　大きさはどのくらいですか。

加藤　完形品ではないので正確にはわかりませんが，30 cm 足らずです。

佐原　さっきお挙げになった中では，形がはっきりわかるのはガシャだけですね。すると，たまたま一つずつなんだけれども，シベリアの最古の土器，中国の最古の土器としてわかっているものは両方とも深鉢であるわけです。だから，そういう点でも縄文土器と一致するということですね。

15

林 それから，前に佐藤達夫さんが石刃鏃に伴う土器として注目された型押文がありますね。最近，シベリアでは新資料は？

加藤 実は佐藤先生が挙げられたのは，沿海州のテテューヘ遺跡のものです。型押文の土器で，口縁部に菱形の型押文が数列あるんですが，口唇上に刻み目があります。昨年，木村英明氏が拓本をとっていて気がついたのですが，その刻み目が絡条体圧痕文なんです。

林 おもしろいですね。テテューヘの土器の形というのは，室谷洞穴なんかの複合口縁を持った土器とちょっと似たところがありますからね。

ソ連テテューヘ遺跡出土の型押文土器

加藤 （写真を見せながら）この刻みが全部，絡条体圧痕なんです。これは沿海州にはかなり広くあります。

佐原 この型押しは回転ではないんですか。

加藤 佐藤さんは回転ではないと言いました。

佐原 これなら回転かどうかわかるでしょうね。テテューヘの年代はいま，どのくらいに考えられているんですか。

加藤 テテューヘは 6,000～7,000 BP ではないかという気がします。

最近，1950 年にオクラドニコフ先生が組み立てた新石器編年が，全部ひっくり返っちゃったんですよ。このいちばん新しい編年ではキトイ期がいちばん古くなったんです。C-14 の年代で 6,000～7,000 年前がキトイ期なんです。すなわちキトイ期が紀元前6,000 年紀，イサコヴォ期が 5,000 年紀，セロヴォ期が 4,000 年紀初頭から後半，グラスコーヴォ期が紀元前 4,000 年紀の終末から 3,000 年紀の終末ということです。

ですから，いままで新石器時代でいちばん新しいとされていたキトイ期がいちばん古くなって，しかも年代的にものすごく古くなったわけです。

佐原 日本と比べるときなんかへの影響では？ 山内先生も比較しているし，加藤さんなんかもいままで比較で使っておられたでしょう。

加藤 そうですね。

佐原 するとそうなったことによって，いままでの説明がまずくなったりということはありませんか。

加藤 そんなことはないです。むしろこれでうまく説明ができるようになったんです。たとえば，日本では縄文早期にあたる石刃鏃はどういうわけか，新石器編年でいちばん新しいキトイ期に出土するのです。おかしいと思っていた。それがキトイ期がいちばん古くなったので，日本の早期と平行の同じ時期まで遡ったということになります。

林 ただ，方法論の問題としては，たしかオクラドニコフ先生は，グラスコーヴォの遺物の中に殷の遺物と似ているものがあるということで年代を推定されたわけですね。その点はどう解釈されているのでしょうか？

加藤 鬲が伴出するということで殷代に当てたんです。しかし，この伴出関係は確実と言えるものではありません。

佐原 今度のはかなり層位的な……。

加藤 層位はいまだにないんですよ。

佐原 すると C-14 での……。

加藤 46 基全部の墓から C-14 を出して，それで組み立てたものです。

林 こういう編年にすると，いろんな現象は自然に理解できますね。ウラン・ハダの層序とか，アンドリュース調査団の外蒙古の資料の中に少しイサコヴォの土器が入るんですよね。あれなんかもいままでの編年だと説明がむずかしかったけれども……。

加藤 そうですね。オクラドニコフ博士が 1950 年にバイカル編年を立てた時に，層位的な資料としてウラン・ハダがあります。そのウラン・ハダも実は土器のあり方は混在し，むしろセリエーション的に考えないといけないものなのです。

佐原 そうしますと，いままで縄文とかかわるものとして，まず最初に土偶・土器・細石刃，それからいま石刃鏃というのが出てきましたね。それ以外にたとえば，石刃鏃以外の縄文の普通の石

鏃，それから磨製石斧，これも古い磨製石斧ではないもの，そのへんの出現についてはいかがですか。

加藤 1万2千年ぐらい前から8,9千年ぐらい前までを，シベリアの研究者は中石器時代と言っていますが，この段階に磨製石斧はあります。

佐原 それは私の言う横斧ですね。だから，縄文の古いものにも対応するということですね。それには擦り切りがあるわけですか。

加藤 キトイ期には確実にあります。

佐原 すると，キトイがいまの場合は新石器のトップになるということですね。

加藤 そうですね。しかし，先ほども言いましたように，土器を持っていれば新石器と考えるとすればですね……。

佐原 いちばん最初に私はちょっとそこにこだわったんだけれども，シベリアの新石器だということをおっしゃったので，そのへんをどうしますかね。いま日本考古学で縄文を新石器と言う人はどんどん少なくなってきているでしょう。それで世界的に語るためには，新石器と言わないほうがいいと私は思うんですよね。ただ，世界的には，ソ連はずっと新石器を使っているわけですね。農業がないのにそれを使っているのは，ソ連だけなのかもしれないな。

もう一つ，普通の石鏃は？

加藤 石鏃はシベリアでは中石器の段階です。

佐原 すると，日本とだいたい合ってくるわけですね。

林 それから，いま佐原さんがおっしゃったことより，もうひとつ細かいことになるんですけれども，縄文土器の文様なんかで非常に特徴的なのは，具象的なモチーフがないことですよね。ところが，シベリアにはヴォズネセノフカのように人体や人面を表現したものがありますね。

佐原 あれはたしか新しかったね。

林 時代は新しいですけど，ああいうのはどの程度広がっているんでしょうか。

加藤 アムール流域であります。

林 アムール流域だけですか。

加藤 はい。

佐原 しかも，土器の中で一部そういうものがあるにすぎないんじゃないでしょうか。

加藤 一部です。アムールの中流から下流域にかけては，たとえば渦巻文があったり，地文は細かい櫛目なんですが，一見縄文後期の磨消縄文風の手法のものがあったりします。

佐原 たとえば，日本でいえば勝坂式の中の顔面把手とか，そういう程度にとにかくそういうものがごく少数あるということですね。

加藤 アムールの中流から下流にかけてあるわけです。縄文土器は，波状の口縁が特徴だといわれますが，シベリアには波状口縁を持っているものはないわけです。

佐原 モールス先生が大森貝塚の報告書の中で波状口縁が多くて突起が多いということ，それから具象的な文様がないということを挙げている。もう一つ，量が猛烈に多いということを指摘している。これはたしかに世界的に見ていまでも言える縄文土器の特徴だと思うんですが，シベリアではどうでしょうか。

加藤 それよりもまず日本で考えてみると，関東地方に較べて，北海道の縄文遺跡では土器が少ないんですね。

佐原 北海道は後期，晩期でも少ないですか。

林 亀ヶ岡系の土器が出てくる遺跡でも，東北の亀ヶ岡に比べると少ない感じがしますね。

佐原 たしかに日本の中でも，近畿だって少ないし，あるいは九州……，九州はそんなに少ないと言えないかな。

林 九州はむしろ少なくないんじゃないですかね。近畿が谷間になるんじゃないでしょうか。ほかの遺物の出土量でも同じことですけど。

佐原 世界的に見れば，やっぱり縄文土器は量が多いということは言えますよね。

林 食料採集民で土器をこんなに贅沢に使っているというのは，非常に珍しいんじゃないでしょうか。

佐原 食料採集民で土器を持っているというのは，ほんとに少ないんですよね。いまお話いただいたのは全部食料採集民でしょう？

加藤 そうです。東アジアの地域をごくマクロに見ますと，細石刃文化を母胎として土器が出てくることは間違いないです。

佐原 さっき加藤さんが細石器文化の中に土器が出てくると言われたけれども，もう少し加えると，細石刃文化の中から煮炊きに使う深鉢土器が出てくるということでしょう？

加藤 そうです。

佐原 これはやっぱり北だと思いますね。

17

ホワイト・ウェア（北シリア・ハブール川周辺採集）
（古代オリエント博物館蔵）

（2） 西アジアと日本

佐原 広西省仙人洞は北緯30度よりも少し南ですけど，常緑広葉樹と落葉広葉樹とがまざる地帯です。食料採集民の深鉢が出現して栄えたのは落葉広葉樹から針葉樹にかけての地帯で，用途は煮炊きです。

そうして見ると，いま加藤先生が言われたほどの精度では話せませんが，西アジアでいちばん古いころの土器といったら，イランのガンジダレが8,000年とか言うんですか。あのへんだと，土器は決して煮炊きのために生まれるのではないことは確実だし，それからシリアのへんでは，土器の前身としてホワイト・ウェアというものがあって――池袋のサンシャインの古代オリエント博物館に並んでいますね。これは石灰と灰を混ぜて固めてつくるんですね（J. Mellart : The Neolithic of the Near East 1975, p.62-64）。

加藤 日干しですね。

佐原 日干しでしかも固まっちゃうんですね。

林 石灰の力で固まってしまうんでしょうね。

佐原 石灰と塩分を含む灰とを混ぜる。見てきたように書いてありますけど，それで水を通さない容器ができる。それが土器の前身だと考えているけれども，ともかく煮炊き用じゃないですね。トロント大学のフィリップ・スミスさんがイランで発掘したガンジダレの資料を見ると，もしかしたら日干しのままの備えつけかもしれない貯蔵用の大きい土器と，もう一つは本当に小さな器ですね。トルコのチャタル・ヒュユクには煮炊き用土器も少しあるんだけれども，基本的には何千年かは煮炊き用がないと言うんですよね。あちらの食習慣から言えば，パンを焼いて，肉はバーベキューで食べていれば，土器は要らないですね。

林 せいぜいミルクを飲むとき使うぐらいですね。

佐原 いまやこうなってくると，山内先生流に言えば私もだいぶC-14年代に汚染された（笑）。食料採集民の間で土器が煮炊きのために北寄りのほうで生まれて，農業のほうではそれとまた独立して生まれたという感じになってきつつありますね。ただし西アジアでは，それこそ新石器の初めを1万年ぐらい前までもっていこうとしているけれど，なかなか土器はそこまで行きそうもないですね。

林 西アジアの場合だと，土器を大量に，しかも大型の土器を使うようになるというのは，農耕文化が安定してからのことではないでしょうか。

佐原 農民の土器の特徴は，いろんな土器をたくさんつくるということで，しかも貯蔵用には粘土に砂を混ぜるとか，高杯とかきれいに飾る土器には砂を入れないとか，そういう粘土の使い分けもやっている。それが農民の土器の特徴ですね。中国でもそうでしょう。弥生はどうもそのへんは頼りなくて，使い分けをどの程度やっているかわかりませんけれども，それは西アジアから中国までですね。

林 それはいま問題になっているようなガンジダレだとかチャタル・ヒュユクなんかよりは，もう一段階後のウバイドとかハラーフ，そのへんになってから……。

佐原 いや，イェリコが用途によってちゃんと作り分け，使い分けをしています。だから将来的には西アジアの土器と中国の土器というのは，お互いに関係がつくかもしれないね。

だけど，いま見ていくと，食料採集民の土器との間でどういう交流があるのかね。それからヨーロッパの場合には，ダニューブ文化で土器が出現しますね。その影響を受けて，デンマークのエルテベレの食料採集民の土器ができたんじゃないかという解釈もあるんだけども，果してそれでいいかどうかわからないですね。

加藤 J. G. D. クラークはエルテベレの土器は平底のと尖底のがあるが，平底のほうは農耕民の影響を受け，尖底はアフリカのある漁撈民が貝を煮沸するのは尖底土器だから，魚介類の煮沸と関係するんだ，と言っていますね。

佐原 それを読んでか読んでないかは知らない

けど，岡本明郎さんや近藤義郎さんもやはり貝の煮炊きということを書いています。だけど，貝と無関係のところにも土器はありますから，一概には言いきれない。

むしろ，それよりも，渡辺誠さんが最近言っているように，木の実のアク抜きと関連させたほうがおもしろいと思いますね。鹿児島の東黒土田遺跡で落葉広葉樹の木の実が出ているわけでしょう。鹿児島は草創期には落葉広葉樹の地帯だった。落葉性のドングリは熱を加えないとアク抜きできない。土器の出現は木の実をアク抜きするためということで説明できるんじゃないですか。これは渡辺誠さんの新説です。

加藤 木の実をさらす技術というのは，その前の段階があったと思うんです。それは，縄の繊維をさらしてつくるというのが先にあるんじゃないかという気がしますね。これは西田正規さんの意見です。

佐原 中国にしてもシベリアにしても，とにかく広大です。それで日本の感じにおき直すと，シベリアの編年というのは関東地方の夏島式がいちばん古い，その次に九州の曽畑式がくる，その次に東北地方の円筒上層式がくる，それから関東地方の加曽利B式がくるというような，そういうくらいの感じなのか。それとももう少し狭い範囲のたとえば中部関東ぐらいの感じで並べている感じなのか。そのへん，並べられている文化の遺跡の距離なんかは，どのくらいのものですか。

加藤 それは大変な距離です。ただし，気候帯を考慮する必要があります。南北は違うけれども西と東はきわめて似ているという面があります。ウィミャフタフ文化のワッヘル文のように，レナ川からアラスカまで全く同じという例があるわけです。

林 そのへんは南北に延びている日本列島の地域性と，だいぶ違いがありますね。

佐原 いま二つ感じたんですけど，一つは私パキスタンへ行ったときに，町や村の間というのはジープで何時間もかかるほど離れている。だけど衣装には流行がありまして，水玉模様をある町でちょっとみつけると，次の町，また次の町とだんだん中心のところへ行くとそれが盛んで，また遠くなると少なくなる。結局，いくら離れていても隣りは隣りであるということを実感したのです。つまり，猛烈に距離が離れているとしても，隣り

は隣りのわけだから，非常に離れているところがそういう共通性を持っているという関係はよくわかりますね。

それから，もう一つ思い出したのは，何回か引用したことがあるんだけど，L. V. Berghe という人が，同じ新石器時代でもメソポタミアとイランとを比べていて，メソポタミアというのは平野でイランはわりに山あり谷ありである。そうすると同じ時期で同じ文化段階でありながら，イランのほうは地方色が非常に多く，メソポタミアのほうは非常に広大なところが一つであるという。まさに日本の場合は，イランに似ていると言えるなと思いましたね。それを思い出しました。

林 そうすると，世界の中で見ると，縄文文化というのは，佐原さんがかねがね力説しておられるように，狩猟採集民が食物を煮炊きする道具として土器を持っている。それが一つの特徴で，加藤さんのお話ですと，東北アジアの落葉広葉樹林帯の更新世の末期から完新世へ移る過程での，同じような歩調の中で現われてきた一つの文化だと考えられますね。ただ，これこそ縄文の祖型だというものは，まだ隣接地域で見つかってはいないわけですね。

佐原 おそらく，こうじゃないのかな。弥生文化に関してもそうでしょう。よく弥生文化がやってきたとか，弥生人がやってきたとか，日本人はどこから来たとか言うんだけれども，日本へ来ると全部日本人になっちゃうんで，おそらく縄文文化でも外に同じものが見つかるというよりは，日本で熟成してできているんじゃないか，と思う。

2 縄文文化前後の時代

（1）縄文の定義

林 では，次に狩猟採集民の縄文時代に続く食料生産民の時代，弥生との対比を佐原さんからお願いします。

佐原 縄文の定義をまず林さんからやっていただいて……。

林 佐原さんは，日本列島で最初に土器を使った狩猟採集民の文化である，とおっしゃっているわけです。私はそれでも結構だと思うんですけれども，豆粒文であるとか隆起線文などの古い土器は，撚糸文なんかから後の土器とかなり性格が違うんじゃないか。だから，土器が出てきたということがそれ自体は画期的な意味を持たない。のち

になって重要な意味を持つようになったまでのことで，土器の出現が時代の画期になるかどうかということは問題だろう，と私は考えています。

佐原 すると，それは芹沢先生のように，たとえば晩期旧石器の土器であるとか，中石器の土器であるというようにとらえられるわけですか。それとも，最初から縄文土器としてとらえられるわけですか。

林 やはり，晩期旧石器の土器と考えてもいいと思うんです。

私なりに縄文文化を定義するとすれば，現在とほぼ同じような環境の中でその資源を利用していた狩猟採集民の文化ということです。

佐原 現在と同じといっても，草創期はだいぶ違うじゃないですか。

林 草創期ってどちらのですか。山内先生のですか。それとも小林さんの？（笑）どちらにしても「草創期」は縄文じゃないですよね。

佐原 じゃ，前期からにしないといけないね。

林 いや，早期からです。撚糸文の段階ぐらいになると，竪穴住居をつくり，同じ地域をおそらく同じ連中が反復して利用するとか，水産資源の活用がかなり活発になり，貝塚がのこされるようになりますね。関東地方ぐらいまでそういう生活様式が広がった段階から，縄文文化と考えていいんじゃないかと思います。

佐原 撚糸文土器からですね。撚糸文のときからにすると，たしかに漁撈活動の証拠は貝塚の出現がありますね。

林 おしまいのほうになりますと，土偶とか石棒というような呪物の消滅で，縄文の終末とするということです。

佐原 だけど，その消滅というのはどういうぐあいに考えますか。たとえば，唐古では弥生でも石棒が残りますし，須藤隆さんに教わりましたけれども，東日本では何ヵ所か，土偶なんかが残っている遺跡があるでしょう。

林 ええ，そのへんのところがちょっと困るんですけれども，桝形囲なんかよりも一つ前の段階，須藤さんが言う山王Ⅲ層式の段階，あれはまだ稲作を始めた縄文だと考えているんです。

佐原 私は考古学に限らず，学問の成果の説明というのは明快でなければいけないと思うんです。とくにこれは日本史の教科書に載るわけですね。そうした場合に，土器があるけれどもこれは

晩期の旧石器として扱うんだ。そして縄文時代になる，縄文時代だけれども稲作があるんだということだと，説明が非常に難しくなりますね。少なくとも明快ではないですね。少なくとも土器が出現したら縄文時代である，水田耕作の明確なる証拠が出てくれば弥生である，このほうが明快でしょう。

この問題はこれで論じていたら，とくに林さん相手だと連続何回もやらなきゃいけないから（笑），林さんの意見として伺っておくということで……。だけど，加藤先生のコメントは聞きたい。とくに始まりの場合について……。

加藤 ぼくも明快であることが必要だと思うんです。林さんは土器の発生はそれほど大きな文化史的な意味を持ってなかったと言われるけれども土器の発生は非常に大きな文化史的意味を持っていたと思うんです。土器の発生に画期があるとするのは間違いない。

佐原 モルガン，エンゲルスは，野蛮と未開の境を土器の出現をもってやったわけです。わかっとったと思うよ（笑）。

林 たしかに土器の出現で線を引くというのはわかりやすいのは確かだし，日本列島の場合には土器が出現してから亀ケ岡みたいな究極的な姿になるまでに切れ目なしに変化しているわけです。ただ，それをもうちょっと別の立場で見ると，どうでしょうか。北海道の縄文人の子孫がおそらくアイヌになっていると思うんですけれども，あの人たちは土器を使っていたけれども，やめてしまうわけですね。

佐原 始まりのほうでも，土器があれば縄文土器ということではなくて，連続してつながればだと思うんです。岡本東三君が，山内先生の言葉を踏襲して無土器文化の土器と言っていたけれどもその無土器文化の土器（笑）。本格的な普及の前にそういう試行錯誤的な段階があっていい。ポンと消えることもあると思うんです。

キプロスのキロキティアでは，一度土器を使って，また石の容器にもどる。壊れてかなわんから石のほうがいいというので，石にもどる。それでまた土器になる。そういう試行錯誤の段階があり得るので，将来，先土器時代——私はむしろ岩宿時代と言いたいんですけれども，この時代に土器が出てくることは十分認めていいと思う。

ですから，私は土器があれば縄文ということよ

りは，それから系統的に発展するということで切りたいと思うんです。だから，いま見つかっている限りの隆起線文とか豆粒文とかは，縄文土器ととらえたい。青森県の大平山元クラスのものがどうなるか，それがどうつながるのか，私はよく勉強してないので知らないんですが……。

林 隆起線から爪形文へはたしかにつながるんです。爪形と縄を押した土器のつながりがちょっとはっきりしなくなる。最近，非常に断片的なんですけれども，宮城県から縄を転がした隆起線だとか，縄を押し付けた隆起線なんかが出てきているんです。だから，そのへんがスムーズにつながっていくのか，混線があるのかまだわからない。

佐原 型式学的に全部つながるかどうかはわからないけれども，とにかくみんな土器を持っている。そうなったのが縄文だというような考え方です。それよりも前にポンと出てくるという，さっきのドルニ・ヴェストニツェの土偶みたいなこともあり得るわけですね。磨消縄文が諸磯や北白川式にちょっと出て来て，加曽利E式以降に発達するのもそうだな。

いまに加藤さんが見つけてくださると思いますけれども，私は土器と犬と弓矢というのは向こうから入ってきたと思う。いまの分布の感じからいけば，むしろ北海道ではなくて，朝鮮半島を経て来たと想像してますけどね。

林 私は一つの要素だけを取り上げて，あるかないかということでやる方法は，警戒したいということなんです。

佐原 ただ，あるAという文化があって，その次にBという文化があった場合に，いろんな要素が残るわけです。だから，どれかでやらない限りは，かつて旧石器時代と新石器時代を分けてみたら，いろんな要素が不揃いであったということと一緒で，何かで決めないと決まらないわけでしょう。たとえば弓矢は，滝沢浩さんや加藤先生のようにナイフまで弓矢と考えるとすれば別だけれど，普通の形の石鏃というのは，最古の土器には伴ってないわけかな。

加藤 ないですね。

佐原 犬だって，最古の土器の時代にはいないでしょう。だから，土器と弓矢と犬が揃えば私はいいと思うけれども，将来わからないですよね。だから，土器ということで決めておけば，一応の目安にはなるだろうと思います。

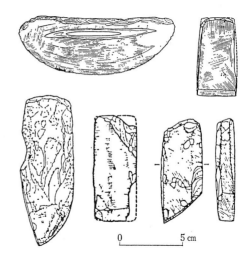

佐賀県菜畑遺跡出土の石器

（2） 縄文と弥生

佐原 それと同じように，土器で縄文文化と弥生文化を区別しようとすると，縄文土器と考えていいか，弥生土器と考えていいか，研究者によって意見の違うものが出てきますよね。もし縄文土器の行なわれた文化を縄文文化と規定して福岡の夜臼式を縄文土器としてあつかうならば，草創期の土器，あるいは早期の尖底の土器，あるいは中期の火焰土器，あるいは晩期の亀ヶ岡式土器と夜臼式土器に共通して，しかも弥生の板付式土器と違う要素を言わなければいけない。しかし，それはできない。誰一人としてできない。土器ではできないから，むしろ縄文，弥生文化のほうを定義しておいてそれぞれの文化の土器を縄文，弥生土器とよぼうという考え方になったわけです。

そうすると，その場合には佐賀県唐津市の菜畑，福岡県糸島郡前原町の曲田，もう一つ板付遺跡もあるんですけれども，板付は弥生の板付式もあってややこしいから，菜畑と曲田で代表させると，菜畑・曲田段階というのは，明らかに整った水田を持っていて，かつては弥生になってから現われると考えられていた石庖丁とか，加工用の石斧，伐採用の石斧とかがみんな揃って見られるわけです。

抽象的に，農耕文化が形成されてからを弥生と呼びたいと言ったって，遺跡のうえで農耕文化が形成されているとかいないというのはわからない。だから，実際的にはそこで明らかに水田を作っていることがわかれば，これから弥生にしようというのが，ぼくの主張なんです。

それを近畿まで持ってきていいかどうか，正直

言って迷っているんです。というのは，岡山県や近畿ではその時期には水田があることがわかったんですが，土器以外のものが必ずしもはっきりわかっていない。だから，菜畑や曲田で同じように弥生的な要素が揃えばそれも弥生にしたほうが明快である。もう一方，東北地方の場合には，続縄文か弥生かという区別は，まさに稲作をやっているかどうかで区別しているわけでしょう。すると，東北地方の基準と九州の基準が違っては困るわけです。

そして，私がぜひお願いしたいのは，あれを縄文水田と言う人は，縄文土器の定義をしてください，弥生土器の定義をしてください，弥生文化，縄文文化の定義をしてくださいということです。これは岡崎敬先生，森貞次郎先生に，面と向かっても申し上げましたけれども，ニコニコしていらっしゃるだけで（笑）……。岡崎先生のは非常におもしろい説明だと思うんです。あれは黒船だ。それで，板付から明治だ，というんです。これはおもしろいんだけど，それならばはっきり定義していただかなきゃならない。

坪井清足さんも定義を下していない。坪井さんが作った『弥生』（陶磁大系，平凡社）という本があるんですが，彼は定義をしてないんですよ。こういう土器が弥生土器と言われていると書いている（笑）。自分の定義はない。ぼくに言わせれば，定義を明確にしないで，これは縄文だとか，これは弥生だと論ずる資格はないと思う。

私は何度もそのことを言ったり書いたりしているんだけれども，縄文水田か縄文水田でないかとか，縄文か弥生かということは，まだ論争にまで行ってないと思う。つまり，私のほうは定義を出しているんですけれども，あれを縄文水田とおっしゃる方の大多数が縄文文化・縄文時代・縄文土器の定義を出していませんからね。あるいは，旧来の縄文土器を使っている時代が縄文時代であるというのに乗っかっていらっしゃるとすれば，さっきも言いましたけれども，夜臼式と勝坂式と共通して，板付式と違うところは何か。

　林　私も弥生の定義そのものについては，佐原さんがおっしゃっていることに賛成なんです。たしかに土器だけ見てどこで違うかというのは，底の張り出しがちょっと違うというような指摘をすることは，ある地域ではできるだろうけれども……。

　佐原　それと同じような違いは，縄文土器の中のある型式と別の型式の間でもできるわけだからね。

　林　だから，それは意味がないと思うんです。佐原さんが『歴史公論』の座談会（「特集・農耕文化と古代社会」1978 年 3 月号）の中で，「稲作が土台となった時代を弥生時代という」と言われている。これは，非常にいい定義だと思うんです。いまお話しになった中で必ずしもはっきりしないのは，その土台となったという証拠を佐原さんは何にもとめておられるのか……。

　佐原　いま苦しいのは，どうやらもっと古くまで稲はありそうな気配なんです。ただし，縄文土器の深鉢と鉢の構成は，ずっと変わらない。もし食体系で，稲作がかなり重要になってくれば，それは変わっていいと思うんです。まさに菜畑，曲田段階では変わっているわけです。それより前に稲があることは確かだと言われつつあるんだけれども，その場合，基本は食料採集で稲も作っているという段階があるんじゃないかと思うんです。

　林　それはやはり縄文ですね。

　佐原　縄文にしますね。

　林　瀬戸内と畿内の凸帯文土器ははっきりしないとおっしゃいましたが，泉拓良さんなんかは，はっきりと縄文だと言っています。

　佐原　そして彼は，畿内の弥生 I 期，あるいは前期，遠賀川の時期の石器なんかでも，ほとんどまともなものはないと指摘していますけれども，不思議ですね。どういうわけだか，これはほとんど残ってないんですね。

　林　私も凸帯文の位置づけは泉さんに賛成なんです。

　佐原　そうすると菜畑まで含んで……。

　林　いや，菜畑は別ですよ。早期弥生が成立するのは九州だけの地域的な現象です。

　佐原　そのほうがいいのかもしれません。そこはまだ判定すべき材料がない。ある座談会で私が態度を表明しろと言ったら，小田富士雄さんがはっきりするまで縄文でいいじゃないかと言うわけです。縄文でいいと言うけれど，はっきりするまでは縄文か弥生かわからないといってほしいんだな。

　林　もう少し東のほうに話をずらしていきますと，私はこの間，『季刊考古学』第 19 号に書いたんですが（「続縄紋のひろがり」），問題は稲作が基

本となったかどうか。石皿，磨石というのは，もともと稲を処理する道具としては不都合な道具ですよね。稲作が土台になってくれば，当然杵と臼に置き換えられてくるだろうと思うんです。

佐原 粟だったら中国河北省の磁山みたいに石皿と磨石に結びつくけど，稲はそうでしょうね。

林 それで，東海あたりの様子はよくわからないんですけれども，東北なんかで見てますと，東北で弥生を研究している人たちが古い段階の弥生と言っている山王Ⅲ層式ぐらいの段階は，石皿，磨石がゴロゴロ出てくるんです。だから，水田を作っているところは確かにあるし，それが思っていたよりもかなり早い段階で広がっていることは確かだけれども，むしろ土台は縄文と変わっていない。

佐原 それこそ，どちらに重点があるか難しいですね。昨年の日本考古学協会（八戸市）で発表したことなんだけど（『縄紋／弥生』），意外にも近畿地方のⅠ期の中ごろの段階にあたる時期の土器が，日本海経由で秋田，山形にもたらされた。それは，決してちょっともたらされたというんじゃなくて，地元で作っていて，非常にたくさんある。だから，西で作っていた人が行ったに違いないと思うんです。

佐藤敏也先生に伺ったら，日本型の稲は太いのと細いのがあって，だいたい西日本が細くて関東ぐらいまである。関東から東北にかけての太平洋岸では太い。ところが山形とか秋田とか日本海側には，細いのが出るんですって。まだ残念ながら水田の跡は見つかっていませんが，遠賀川の段階でその米が行っていた可能性が出てきたんです。

いずれにしても，たとえ水田が出てきても，いま林さんが言われた問題は残るわけで，さっき私が言った，たとえ稲を作っていても縄文文化というのを認めるとすれば，その問題は当然出てくるわけです。

林 ぼくは，山内先生の続縄文を拡大解釈して，エピ縄文という言葉を使うわけです。だから，北海道から九州まで，エピ縄文の段階が時間的にずれながらあるんだということになります。

畿内で弥生第Ⅰ様式の古段階の遺跡が成立した時期，その畿内の地域をどう呼んだらいいのか。畿内の社会は弥生社会なのか縄文社会なのか，どうでしょう。

佐原 畿内で最初の古墳ができ上がったら，古墳時代と言わざるを得ないでしょう。これは政治区分と違いますから，たとえば5つできたら古墳時代と言いましょうというわけにはいかないわけだから（笑）。だから，一つでも弥生の村ができたら，周囲には縄文人がいても，弥生時代と言わなければしようがないんじゃないですか。

林 でも，数から言うと，縄文人のほうが多かったんじゃないですか。

佐原 でも，そうしないと……。だけどこれは難しいな。言い方によってどうにでも言えるな。

林 私がエピ縄文を引っぱり出したのは，この言葉で縄文人と弥生人が共存しているという状態も表現できるからです。

佐原 近畿に最初の農村ができるでしょう。そうすると，周囲の縄文人の村はエピになっちゃうの？

林 その前から弥生かぶれは起きますよね。それもひっくるめてエピ縄文。

佐原 弥生の村もひっくるめて？ これはまたややこしい（笑）。学問というのは，もっと明快にしなければいけない。

加藤 だけど，農村が1ヵ所できて，周りがずっと縄文人の村だというのは，考古学資料からわかるわけですか。

佐原 まだそれほど明確ではありません。最古の村がどれだけかわからないけれども，将来的な話で言っているわけです。ただ，縄文の村に弥生土器がある，弥生の村に縄文土器があるということはあるわけだから。その場合は両方ともエピ？

林 段階としてはエピ縄文の段階ですね。大阪市の長原遺跡なんかは米作りをやっている縄文人でしょう。

佐原 私はまだわからない。

林 伊丹市の口酒井なんかも米作りをやっている縄文人でしょう？

佐原 いや，弥生かもしれない。まだわからない。つまり，さっきも言いましたけれども，それを判定するのに，きわめて補助的に稲作をやっているのか，かなりそちらに主体を置いているのかもうちょっと様子を見たいですね。

加藤 どの程度の稲作をやっているかで，弥生か縄文に分けようというんですか。

佐原 いや，違う。水田面積は全然出てこないから，出てきた文化要素を見て判定しようというわけです。たとえば曲田なんかの場合は，いくら

でも縄文的要素もあるんだけれども，朝鮮半島からもたらされたものとか，いろんなものがたくさんあるでしょう。最後のところになると，さあどっちだろうとなると思いますよ。だって，ちょうど中間程度もあるわけだからね。幸いにして，いまそういうものはないけど，それはわからないで済まさなきゃ仕様がないね。

　　加藤　たとえば，どんなに小さい面積であろうと，水田農耕を始めた時点から，弥生であると言うことはできないんですか。

　　佐原　さっきはそう言ったんですけれども，もしかしたら後期までいくかもしれないというんです。後期の場合には，土器の裏側にお米かプラント・オパールがあったんだけれども，晩期の初めと藤原宏さんが言っているのは，土器の胎土からですからね。土器の裏返った底にあるやつは混入とあえて言えても，土器の胎土に入っているプラント・オパールは混入ではないでしょう。ただし，それも朝鮮半島から稲作がくるんじゃなくて，穂でくる。それが入ったと言えないこともないわけです。

　　だけど，渡部忠世先生や佐々木高明先生がおっしゃるように，かつては稲作は水稲耕作から始まったといわれていたのが，いまでは陸稲，あるいは水稲・陸稲未分化のものが古いと考えられるようになってきました。日本の場合も，後期なり晩期の初めに，そういうものが入っているのではないかと考えておられるわけです。具体的にそういうぐあいに，プラント・オパールが入っていることがありますからね。

　　これも世界の民族例にいくらでもあるわけだけれども，食料採集民がちょっと補助的に，今年は木の実が生らないから，ちょっと畑へ行こうかとか，今年は畑へ行けるから，あんまり木の実は集めなくてもいいなという，そういうような段階と判定できるかどうかね。

　　林　縄文人はあれだけ，植物性の資源を利用する技術を開発していたわけですからね。しかも，エゴマだとかなんかの栽培までやっている。

　　佐原　さかんに明快に明快にと言っているけど，私自身がそういうことを全部明快に割り切れているわけじゃない。揺れ動いているので，あまりいじめないでください（笑）。

　　私がかなりショッキングだったのは，土器は縄文から弥生へ作り方もつながると思っていたんで

す。ところが家根祥多さんが土器の作り方を非常に細かく見て，粘土の帯を積んでいくときに，帯の外側が高くて内側が低くなるか，内側が高くて外側が低くなるかという点で分けて見ると，縄文から弥生はつながらないという。そして弥生に関しては，朝鮮半島の要素が入ってきているということを，かなり実証的に示されて，土器の作り方も入ってきているといわざるを得なくなった，それがショッキングだったですね。

　　加藤　それは弥生土器にあるんですか，縄文土器にあるんですか。

　　佐原　『季刊考古学』の第19号（家根「弥生土器のはじまり」）をみてください。しかもだんだんそうなってくる。

　　林　前に佐原さんが岩波の講座『日本歴史』で縄文系のもので弥生に残るものとか，細かいリストをお作りになりましたけれども，あれは基本的にはまだ活きていますか？

　　佐原　いや，だいぶ修正しなきゃいけないところもあるけど，あれは山内先生が「日本遠古之文化」で書かれた方針です。弥生から古墳についても，岩宿から縄文についても，ああやれば非常に明快ですよね。

　　林　あのころはもう佐原さんは，弥生人の渡来ということは……。

　　佐原　いや，弥生人の渡来というのは，私は認めないわけです。外には弥生人も弥生文化もありません。つまり，あのころは板付式がいちばん古かったんですが，板付式自身に大陸系の磨製石器もあるけれども，打製石鏃もある。打製石鏃というのはその当時の朝鮮半島，中国にはありませんから，そのころは完全に弥生土器は縄文土器からつながると考えていたんです。

　　それから，板付には打製の石槍というものがあったんです。そうすると，山内先生がおっしゃるとおり，大陸系，日本系，弥生固有のものが板付にはあるわけです。だから，弥生というのはおそらく縄文が主体のものだと思うんです。それへ大陸的な要素が加わって文化変容で独自のものもできた。そのことはいまでも変わらないんです。

　　もし，大陸文化そのものが日本で見つかれば，これは弥生文化ではなくて，朝鮮無文土器文化のコロニーである。だから，将来シベリアと同じものが日本のどこかで見つかれば，縄文文化ではなくて，シベリアの何とか文化のコロニーであると

考えるべきだと思うんです。

朝鮮半島からやってきた人々の村というのが佐賀，福岡県でわかってきてますけど，ずいぶん大量に向こうの土器がある。あるいは，向こうの土器と弥生の合の子があるということがわかってきているけど，これはⅠ期の中ほどの話です。肝心のいちばん古い段階では，まだそういうものはないです。

（3） 縄文と旧石器

林 縄文と弥生の問題はこのくらいにして，縄文と旧石器の関係をお願いします。

加藤 さっきも申し上げましたように，土器の出現というのはどうも細石器文化の中から生まれてきたらしい。日本でもいちばん古いといわれている豆粒文であるとか隆起線文などが，細石刃石器群を伴って出てくるという事実があります。

広くアジア全体をながめて，細石器文化を考えてみますと，北アジア—シベリアから中国東北部を含めてですが，その地域に一つのグループがあります。この細石刃のグループは楔形細石刃核と荒屋型彫器をもつグループです。このグループには，前に話したように，1万年以前に土器が出現します。しかし，北九州のとは異なります。

次に沿海州から華北，朝鮮半島も含めてですがその地域に一群の細石刃石器群があります。小型の舟形細石核をもつものです。先だって，京都大学の遺物を拝見させていただいたんですが……。

佐原 ホロンバイルですか？

加藤 北朝鮮です。会寧出土のもので，黒曜石のすばらしい石器群があるんです。そういうグループが江蘇省から山東省にかけてあって，爪墩（ザオドン）と呼ばれている文化なんです。土器の伴出はまだ認められていません。

それからもう一つ，華南のグループがあります。広州の近くの西樵山（シイチアオシャン）遺跡出土のグループです。この遺跡出土の細石刃核の作り方は，泉福寺や福井洞穴のものに似ているんです。日本の初現期の土器を生み出してくる細石刃文化はちょっと見る限りでは，華南の西樵山のものによく似ている。もう一つ，西樵山にある彫器は剝片の肩へ打撃を縦に入れるタイプの彫器なんです。この種の彫器は，最近唐津市などの北九州から報告されています。しかし，西樵山と北九州の間の地域には両者を結びつける遺跡がひとつもない。近い江蘇省だとか山東省の細石刃の石器群とは全然違うグ

ループなんです。このような分布状況をいったいどう考えるか。

佐原 他人の空似かもしれんね。

加藤 とにかく，作り方から言えば，北九州の細石刃核は北アジアのシベリアグループや爪墩グループとは異なり，華南の西樵山のものにたいへんよく似ている。だけれども間をつなぐことができない。土器の伴出はありません。そこで現段階としては，九州の細石刃に伴う土器は日本で生まれたと考えざるを得ないんだ，ということです。

佐原 いま加藤さんがすごく重大なこと，ゴチで組まなきゃいかんような，つまり土器は日本で生まれたと言われたんですが，あまり断言をされる人じゃないのにね（笑）。これ，今回のいちばんの大目玉ですね。土器は日本で生まれましたか！

そうか，加藤さんが土器日本発明説か。小林達雄さんはそうだとは言っていないけど，そう言ったも一緒なんだよね。なぜというと，土器のもとになった皮袋とか何とかの縫い目が古い土器の文様になったと言っているわけですからね。

加藤 いまの段階での話ですね。

佐原 これは梅原猛さんがますます喜ぶよ（笑）。

そうすると，細石刃文化の中から縄文文化が出てきた。土器はいまのところ，来たという証拠がないということですが，犬とか弓矢はどう考えられますか。やはり日本で発明されましたか？

加藤 犬はどうでしょうか。

林 いや，ニホンオオカミから（笑）。

佐原 土器が日本で発明されるんなら，頑張って弓矢もやってくださいよ。というのは，合わせ弓が出てきたのはセローヴォでしたっけ？　あれはずっと新しいからと，いままで芹沢先生なんかでも比較されていなかったんだよね。日本のは合わせ弓じゃない。是川遺跡の弓のひとつが合わせ弓だと書いてあるのは間違いで，湿度の関係で伸びちゃうからできないんだと思います。だからもう一つ頑張って弓矢も日本で発明したと……。

林 いや，それこそさっきの土器と同じで，続くかどうかわからないけど，そういう変化が起きていた可能性がある。荒屋の資料の中に，ほんとに小さな有舌尖頭器と言っていいか，石鏃と言っていいか1cm足らずの，芹沢先生はエンドブレイドだろうとおっしゃっているんですけど，形からいったら，全く有茎石鏃としか言えないようなのがあるんです。それからナイフ形石器の小型化

25

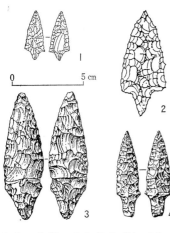

有舌尖頭器
1. 愛知県萩平
2. 千葉県成田空港 No.12
3. 4. 北海道立川

したのを鏃にあたると考えてもいい。

　もう1つ加藤さんにお伺いしたいのは、石器づくりの技術で縄文文化を特徴づけるのは、定型的な剥片を生産する技術を縄文人は失っているわけですよね。その点を東アジアの中でどう考えるのか。

佐原　それは、いわゆる先土器の段階まではあって、縄文になるとパッと……。

加藤　草創期のごく初期の段階には、まだ残っているわけです。

佐原　それなら問題ないでしょう。

林　ところが有舌尖頭器の問題がありますよね。東日本で考えていけば、有舌尖頭器の文化が縄文文化に何も寄与しなかったとは考えにくいわけです。そうすると、大まかに言うと、細石刃なんかと一緒に西から上がってきた土器と、東日本に根を下ろしていた有舌尖頭器の石器の製作技法が合体して、縄文文化の流れをつくったと考えるんですけど、どうでしょうか。

佐原　おもしろいですね。

林　この考えは稲田孝司さんが『考古学研究』第15巻第3号に書いておられます（「尖頭器文化の出現と旧石器的石器製作の解体」）。縄文文化の剥片の生産技術は雑ですね。要するに、適当な大きさの河原石を拾ってきて、適当に叩いて適当な剥片をとって石器にする……。

佐原　だけど、定型的な剥片をつくる技術は、縄文の古いころを除くと、もう要らないんじゃないですか。そうしたら忘れられてもかまわない。

加藤　そうです。北方地域の新石器時代は新石器時代全期間を通して、青銅器時代に入っても細石刃をつくっているわけです。ところが華南とか中原の地域は、新石器時代に入るとみんな雑な石器になるんです。もちろん、磨製石器が多くなります。それは生産体系が反映しているんですよ。北のほうは、あくまでも狩猟が生業の中心ですよね。そういう社会の中にあっては、定型的な剥片が有効である。ところが、植物性食料に適応していった人たちは、必要なくなっていくわけです。

佐原　これは明快だな。加藤さんはいつもこんなに明快かな（笑）。

林　でも、そうするとちょっと都合が悪いのはモヘンジョダロやウルで小型の石刃や石核が出てますよね。

加藤　それは、栽培植物を手に入れた社会は違うんですよ。

佐原　林さんみたいに言ったら、中国でも羅漢堂（ボーハンダオ）にも細石刃の鎌があるじゃないですか。

加藤　それから中近東にもあるわけです。だから農耕文化は違うんです。いまは狩猟採集の段階で言っているわけです。

林　狩猟採集の段階で、狩猟に重点を置くか、植物採集に重点を置くかということですね。ただそれにしても、細石刃技法が崩壊してしまうということは、縄文文化的なものの形成を特徴づけるということですね。

　もう一つ、加藤さんに伺いたいんですが、このごろ梅原猛さんなんかが、縄文文化が日本文化の原型であるというようなことをおっしゃっている。そうなったのは、このごろ縄文の遺跡でとんでもない発見があって、以前は野蛮人のイメージだったのが、もっと文化人だということがわかってきたまでの話だと思うんです。旧石器についても、物質文化の内容がはっきりしてくると、意外に縄文と旧石器のつながりが強調されるようになると思うのですが……。

加藤　それはあるんです。縄文以前の石器文化にも磨石と石皿が出るということですね。縄文土器が生まれる以前から、すでに磨石と石皿を持っているわけです。そういう意味では、縄文的なものをその前の段階で内包しているわけです。

林　ぼくが気になっているのは漆なんです。漆の技術は前期には完成していますね。このまま行けば、早期までさかのぼることは確実だし、たとえば落葉広葉樹林で比較的温暖な地域では、旧石器の段階にすでに漆があってもいいんじゃないかと考えるんです。

佐原　考古学は見つかったらポンと変わるから

わからないけど，いまの状況判断からすると，縄文の前期から斧が変わってきたり，いろんな変わってきた要素があって，その要素の一つとして漆がある。だから，いまの条件からすれば，古いところまでさかのぼらないだろうと思うんです。

林　ただ，完新世に入ってからの気候変化に伴って，限られた地域の技術や伝統が全国に広がっていくということは十分考えなければいけないと思うんです。そういうものの一つとして漆の技術がある。九州あたりで細々とつくっていたのが，気候が温暖になると一斉にパーッと広がって……。

佐原　そのへんは，物が出てきてからうんと言いましょう（笑）。私は旧石器時代の漆については物が出てきたらうんと言うけれども，いまの段階ではむしろ懐疑的です。いま鈴木公雄君が漆にかぶれている（笑）。漆は鈴木君と工楽善通君にまかせた。

加藤　しかし，なぜ漆なんですか。

林　縄文の特徴は植物性資源の高度な利用で，そのなかでも漆というのは，原料の採取から原液の調製，顔料と調合した液をどう塗るかという，非常に複雑な技術体系だから，後氷期の植物利用の展開の指標となるということです。

佐原　それから漆自身でなくてほかの樹脂でもあり得るからね。だから，これはあくまでも可能性の問題で，彼がそう考えているのは，非常に先見の明があったということになるかもしれないし，こんなアホなことを言っとったということになるかもしれない（笑）。

林　漆の問題はともかくとして，磨石などが縄文以前に存在するということですね。それに山内先生なんかは新石器だという証拠になすったわけだけれども，日本ぐらい旧石器時代の石斧がたくさん出てきているところはないですね。やはり旧石器時代の植物利用はかなり高度に発達していたのでしょう。

佐原　それから礫群だって先土器につながるでしょう。あれはナイフの時期ですか。東北には少ないことないですか。

林　東北は少ないです。最近北海道でも出てきてはいますが……。

佐原　九州から関東に多いでしょう。おもしろいのは縄文早期になると西日本に多くなるんですね。たとえば，石山貝塚で私があんまりそれを掘ったんで，私のアダナの「ガッチン」がついたんです。坪井清足さんが，お前は頭が堅くて融通がきかないからガッチンにふさわしいと（笑）。とにかく石山だけでなくて鹿児島に至るまで早期にもありますよ。あれはおそらく関東まででしょう。

加藤　関東は早期が多いですよ。

佐原　あまり北にはないですよね。そうするとそれこそ何万年か離れているけれども，何かでつながっているという感じがする。両方とも西寄りの分布だというのはおもしろい。ナイフで言えば何につながるんですか。

林　いろいろで一概には言い切れませんね。

加藤　そうですね。

佐原　そうすると，煮炊きの方法が北と南で違っていたということですか。

林　煮炊きと住居の構造でしょうね。

佐原　梅原猛さんは日本の独自性を縄文文化に見いだされて，日本を語るときには縄文から語らなければいかんということをおっしゃっている。しかし，日本に人が住み始めたのは縄文ではなく一つ前の時代があるわけで，それからの伝統があるわけだから，縄文を語るためにはその前を語らなければならない。そしてその縄文自身にも，よそからの要素がたくさん入ってきている。だから純粋独自の日本文化なんてどの時代にもないんですよね。

林　ちょうど，佐原さんからしめくくりにふさわしいご発言があったわけで，まだまだ議論しなければいけない問題もありますが，そろそろ時間も来たようですので，このへんで終らせていただくことにします。お二人とも今日はお忙しい中を本当に有難うございました。　　　　　　（完）

滋賀県石山貝塚の礫群
（平安学園考古学クラブ編『石山貝塚』1956より）

特集 ● 縄文文化の地域性

土器型式──地域性の指標

土器は地域性をとらえる指標としてきわめて有効である。土器型式そして土器そのものの広がりを通して地域性を考えてみよう

貝殻・沈線文系土器／押型紋土器／諸磯b式土器／亀ケ岡と亀ケ岡もどき

巨視的にみた土器型式の地域性

貝殻・沈線文系土器

印旛郡市文化財センター
髙橋　誠
（たかはし・まこと）

貝殻・沈線文系土器には大きな2つの流れがあるが，その変遷過程と両系列が織りなす各地域における様相を概略的に述べる

　本誌第17号においては貝殻・沈線文系土器の基本文様を"変形菱形文"と仮称し，その変異に視点をおいて段階区分を行なった（髙橋「型式学的方法」）が，それは同時に，各地域に分立する型式間の時間的関係を把握しようともくろむものであった。

　変形菱形文とは日計式押型文土器の文様を祖型とする文様構造で，一系の各期各型式内の最も装飾的なタイプにおいて主文様として存在する。一型式内における文様バラエティは考慮せねばならないが，変形菱形文という基調をまったく逸脱するものはなかろう。

　今回与えられた「地域性」という命題について論を展開する上での基軸となるのは，第一に諸型式自体の編年的位置と，型式相互の時間的関係である。「地域性」という一定時間内における状況を把握するには絶対不可欠の軸である。変形菱形文の変遷による段階区分はおよそ巨視的なものであり，微妙な点までは整理していない。しかし，広く東日本全体に分布する貝殻・沈線文土器について細部にわたり時間的関係を実証することは現状において極めて困難であるし，むしろ「地域性」を把えるには大まかな物差しの方がかえって都合がよいものと思われる。前回の編年表は未だ検討の余地があるかもしれないが（常世式の編年位置など），それらを加味しながら暫定的にこれを用いることとする。

1　貝殻・沈線文系土器の2つの流れ

　汎東日本的に分布する貝殻・沈線文系土器はⅠa～Ⅳ段階に至るまで幾多の型式が設定されてきたが，中には未だ実体の摑みきれないものもあり，すべての型式を一律に扱うわけにはゆかない。このことはさらに各々の時間的存在幅，空間的に隣接する型式との区分という問題に係わってくる。そこで今回は，より強固なつながりをみせる型式どうし（逆説的には，明確な区分が困難な型式どうしともいえようか）を一個のグループとして認定し，これを様式内における"系列"と呼ぶこととする。

　前稿においてⅡ段階から型式変遷が二系列化する旨を述べたが，本稿では新たにこの二系列に対して変形菱形文の伝統を保持する「変形菱形文系列」と，東北北部に局地的に展開し，文様施文・器面調整に貝殻文を多用する傾向のある「貝殻文系列」という名称を与えておく。すなわち，貝殻・沈線文系土器には大きな二つの系列が存在したのである。

"系列"は地域間の つながりや地域性を 考えて ゆく上での基礎となる。一つの型式の消長はそれのみで完結することなく常に"系列"の動態の中にあり，さらに"系列"の盛衰は必ず他と連動しあって往時の土器様式の動態を形づくったのである。次に，こうした視点から各段階における分布圏の状況をみてゆくこととする。

2 2つの系列が織りなす地域相

Ⅰa段階（図1） 最初の貝殻・沈線文系土器である竹之内式[1]は撚糸文系土器と日計式押型文土器の接触から生成された。撚糸文系土器は東北地方南部に波及しているし，日計式土器は千葉県北部まで南下が確認されている[2]。両者の分布が重なる福島県から関東地方東部にかけての地域は竹之内式の主要分布圏と整合する。

日計式の分布圏は北は青森県下北半島にまで及ぶが，竹之内式の生成に係わったのは東北地方南部においてであり，東北地方北部においてはⅠb段階生成の母胎となった。こうした経緯には日計式内部の地域差すなわち，東北地方北部の日計式と東北地方南部の日計式の違いが大きく影響しているものと推察される。相原淳一は両者の差違を原体の種類に求める発言をしているが[3]，資料の増加とともにいずれ明示されよう。

一方，中部・西日本系押型文土器が撚糸文期終末の関東地方に分布圏を拡大するのは周知のことである。竹之内式生成に直接関連したとは考えられないが，分布圏は接触している。長野県浪人塚下遺跡では竹之内式が出土しており[4]，両者の関係には今後も注視すべきところがある。

竹之内式の生成には撚糸文系土器，東北地方南部の日計式の二者に加え，中部・西日本系押型文の接触する地域相が顕現されていると推察することができる。

Ⅰb段階（図1） 関東地方において三戸式と呼称されるものには2つのタイプが認められる。すなわち体部に変形菱形文のモチーフを有する点で一致するものの，その上下に等間隔の文様帯を多用する一群と，用いない一群がある。これについて一系のもとに時間的前後関係を想定する意見もあるが[5]，むしろ両者は異系統として扱われるべきである[6]。前者は竹之内式からの変遷が考えられ，後者は東北地方北部の日計式から生成される岩手県大新町，福島県大平，神奈川県三戸遺跡などを代表とするものである。両者の顔付きの違いについては石橋宏克が詳細に述べているが[7]，さらに注意すべきは，大平例を除く後者の一群には多少の違いこそあれ貝殻条痕文土器が伴出する点である。竹之内式の系統を引く一群にはみられないものであり，両者はセット関係にも違いをみせている。これはすなわち系列の違いであり，古くは日計式の地域差に起因し，新しくはⅡ段階に明確化する2つの系列とつながってゆくものである。

Ⅰb段階における分布圏は，大新町，大平，三戸の系列が広く東日本全体に行き渡る中で，竹之内式の系列は従来の分布圏をほぼ保っている。しかし，両者は全く袂を分かっている訳ではなく伴出する場合も多いのである。かくて東北地方北部の日計式から貝殻・沈線文系土器に一斉に変化する東北地方北部南部と，竹之内式の流れを保持しながらも東北地方からの波を受容してゆく関東地方の各々の地域相が注意されよう。

Ⅱ段階（図1） 関東地方を中心に分布する田戸下層式は，西は岐阜県から北は東北地方南部まで広大な範囲に認められる。一方，東北地方北部では白浜式，小船渡平式，蛇王洞Ⅱ式が明確な個性をもって存在する。

前稿でも示したように前者は変形菱形文の伝統を保持する系列で，後者は逸早く異なった流儀を形づくる系列である。本稿ではこれらに対し，先述の如く「変形菱形文系列」と「貝殻文系列」という名称を与えておく。

田戸下層式は関東地方における前段階の2系列の接触から生成されるが，他地域においても多くの資料が検出されている。けれども，分布の周縁地域の資料には形にはまった変形菱形文を施すものが意外に少なく，多くみられるのはむしろ田戸下層式の一つの特徴ともいうべき器面を削るように施した太い沈線を有するタイプである。稀に明確な文様帯を有するものがあっても，山形県須刈田例のように変形菱形文の基本構造は正確に伝わっていない。分布の中心から周縁部に向かうに従って文様は少しずつ崩れてゆくのである。しかし，こうした状況は，むしろ変形菱形文の伝達と受容に各地域なりの個性があったと考えるべきかもしれない。すなわち，分布の中心域では一定の意義を有して存在する文様も他地域へと伝達するに従って意味あいが変形したり，あるいは喪失し

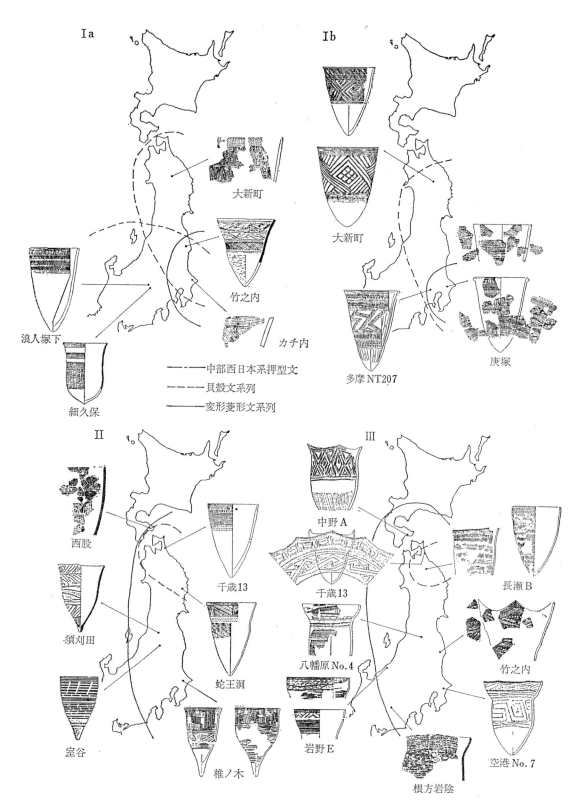

図1 貝殻・沈線文系土器と分布圏（1）（縮尺不同）

てしまう場合があったのであろう。

東北地方北部の白浜式などは独自の個性をもちながらも，一部に崩れた変形菱形文を施すものが認められる。ただし，その中にはＩｂ段階と似た手法を用いるものがあり（千歳13遺跡1群1類など），それらはＩｂ段階に遡る可能性も考えられる。蛇王洞Ⅱ式とともに貝殻文の置換である縄文を用いる北海道のノダップⅠ式にも同様のことがいえる。これに対し函館空港第6地点はⅡ段階的な刺突文の充塡手法を用いている。

以上の如く，東北地方北部・北海道南部の土器群は各々独自の手法を有しながらも変形菱形文系列の伝統あるいは影響を表出しているのである。しかし，変形菱形文の段階区分が貝殻文系列に対してそのまま当てはまるのかどうか不安が残るところである。このように同地方の土器群は新資料をまって検討すべき部分が多いのである。

Ⅲ段階（図1）前段階において広大な分布圏を有するに至った変形菱形文系列はⅢ段階に至って千歳式と田戸上層式のように，文様構造はおろか細かな施文技術・工具・整形技法など，分別のつかぬほど類似した土器を生みだした。北海道南部もこうした流れの中にあり，多少趣の異なる土器が生成される。すなわち函館空港中野Ａ遺跡をもって代表とすべきもので，かつて物見台式と呼ばれたものに類似するが，現状では物見台式の不明確な内容よりも中野Ａ遺跡の充実した資料を重視すれば「中野Ａ式」と呼称してもよいかもしれない。また，福島県地域を中心に分布する常世式も独特の趣を発揮している。連続刺突文の多用と，それによって描出されるやや崩れた変形菱形文が特徴的で，器面に条痕状の調整を有するものがある。細かい編年的位置づけについては確定的ではないが，常世遺跡資料中には確実に田戸上層式あるいは千歳式の土器片が含まれている。しかし，連続刺突文の多用と条痕状の調整は貝殻文系列のⅣ段階に似る。今回の図版中では変形菱形文構成をとる竹之内例をⅢ段階とし，幅の狭い口縁部文様帯に刺突列を有する富作例をⅣ段階に組んでみたが，両者を時間的に区分する根拠は乏しい。また大寺式もほぼ同様の内容と考えてよかろう。これらの型式は東北地方南部という地域において，変形菱形文系列の流れの中にありながらも逸早くⅣ段階の貝殻文系列の流れを受容したものと推察される。したがって実際の編年的位置はⅢ段

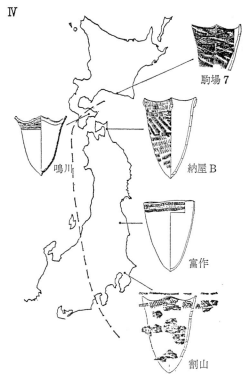

図2　貝殻・沈線文系土器と分布圏（2）

階後半からⅣ段階にまたがるものと思われる。

明神裏Ⅲ式は上記2型式の前段階に位置づけられるものであるが，今一つ内容が不明確である。ペン先状工具による押引文が特徴的だが，それだけをとれば東北地方北部から関東地方まで広く分布する手法である。明神裏遺跡の資料からは一型式として設定する必要性を強く感じるが，メルクマールとしては変形菱形文のあり方を重視すべきである。それによって地域性が再構成されよう。

以上の他に変形菱形文系列の影響を受けたものとして新潟県岩野Ｅ遺跡や岐阜県根方岩陰遺跡例が挙げられるが，変形菱形文は変容している。

貝殻文系列でⅢ段階に比定されるのは寺の沢式で，狭小な分布圏を堅持している。東北地方北部における変形菱形文系列と貝殻文系列の分布のあり方は詳細不明だが，かなりの部分で重複しているものと思われる。しかしその割には両者の伴出関係は釈然としない所があり，今後より一層の注視が必要であろう。

Ⅳ段階（図2）前段階までに広大な分布圏を形成した変形菱形文系列の伝統は衰え，逆に刺突文と貝殻文を伝統的手法とする貝殻文系列が広い地域に影響を及ぼすようになる。その中で変形菱

形文系列の名残りと認められるものに，北海道の住吉町式・常世式（？）・子母口式の一部（千葉県城ノ台貝塚 5-c 類など）などがある。これらの共通点は連続刺突文による崩れた変形菱形文の描出である。すなわち，文様の原形は変形菱形文でありながら施文手法には貝殻文系列の技術が用いられているのである。例えば子母口式はその存在自体が問題とされてきた型式だが，文様構造，器形とも田戸上層式からの変遷だけで解釈できるものはない。恐らくは上記のように貝殻文系列の流れを強く受けたタイプと，在地にあって変遷するものとの組合わせが型式を形づくっているのであろう。

吹切沢式は貝殻腹縁文による波状文に一つの個性があるが，その手法は北海道静内町駒場 7 遺跡でも安定して存在するなど道東の平底土器群とのつながりをみせる。前段階までの貝殻文系列は広くとも渡島半島までの分布圏であったのに対し，より大きな拡がりが認められるのである。こうした分布圏の拡大は次様式へのステップとして重要な画期になる。例えば関東地方の野島式の祖型をすべて子母口式に求めるのは無理が多いが，貝殻による器面調整という技法は明らかに貝殻文系列の伝統が引き継がれたものであろう。

3 摘　要

貝殻・沈線文系土器に大きな 2 つの流れが存在することは，かつて名久井文明によって東北地方北部を中心とした検討から「吹切沢式系統」と「物見台式系統」として述べられたことがある[8]。今回はこれを貝殻・沈線文系土器全般にわたる問題として，あらためて「変形菱形文系列」と「貝殻文系列」の呼称のもとにその変遷過程と両系列が織りなす各地域における様相を概略的に述べてきた。その要点を挙げれば以下のようである。

1．竹之内式の生成には東北地方南部の日計式，撚糸文系土器，中部・西日本系押型文土器の 3 者の分布が重なる福島県から関東地方東部という地域的様相が大きく影響している。

2．三戸式と呼称されてきたものには明らかに 2 つの系列が認められるが，これは早くも東北地方北部を中心とする流れと関東地方を中心とする流れの分岐を示唆している。そしてその分岐はさらに前段階にまで遡るものと予想される。

3．Ⅱ段階において関東地方で定着した「変形菱形文系列」は逆に東北地方を含めた範囲に分布圏を広めるが，「貝殻文系列」は刺突文・貝殻文を特徴とする別の流儀を保ち狭小な分布圏を形づくる。ここに両系列の様相および東北地方北部と東北地方南部以南の地域相がはっきりと分岐する。北海道南部はやや後者に近いものの独自の様相が萌芽し始める。

4．Ⅲ段階に至って「変形菱形文系列」はさらに分布圏を広め多数の地域的変異をみせる一方で，東北地方北部と関東地方の関連は密接なものとなる。「貝殻文系列」は独自の伝統を保持し，隣接する型式と相容れない様相を形づくる。

5．Ⅳ段階における「変形菱形文系列」は「貝殻文系列」の勢いに覆われた形で形骸化し，「貝殻文系列」の手法が次様式へのステップとなる。

6．「変形菱形文系列」は各期を通じて地域間の交流が盛んである。そのため，地域的変異も多く，変遷過程も起伏に富んでいる。

7．変形菱形文の地域的変異には受け入れ方の違いがあると推察するが，縄文時代における情報伝達のシステムを考える上で興味深い。

8．「貝殻文系列」はⅠb 段階の中から派生し，それ以後独自の分布圏を形づくり他と相容れない，いわば「閉ざされた社会」を呈する。これがⅣ段階に至り分布圏を広める経緯には単に土器型式だけでは語れない部分がある。

以上，貝殻・沈線文系土器の内なる 2 つの系列の動態をもとに各地域の様相を大まかに述べてみた。今後の資料蓄積によってはより詳細な様相が明らかになるであろう。

註
1）馬目順一『竹之内遺跡』いわき市教育委員会，1982
2）小宮　孟「今郡カチ内遺跡」『東総用水』千葉県文化財センター，1984
3）相原淳一「日計式土器群の成立と解体」赤い本，創刊号，1982
4）宮坂光昭『浪人塚下遺跡』下諏訪町教育委員会，1975
5）西川博孝「三戸式土器の研究」『古代探叢』1980，領塚正浩「三戸式土器の再検討」東京考古，5，1987
6）石橋宏克「庚塚遺跡」『東関東自動車道埋蔵文化財調査報告書Ⅲ』千葉県文化財センター，1987
7）註 6）に同じ
8）名久井文明「貝殻文尖底土器」『縄文文化の研究』3，雄山閣，1982

巨視的にみた土器型式の地域性

押 型 紋 土 器

千葉大学助教授
■ 岡本東三
（おかもと・とうぞう）

広範囲な分布を示す押型紋土器は草創期と早期の画期をなすと
みることができ，その出現も系統をもった広がりが認められる

1　はじめに

　円棒に彫刻を施した原体を回転して施紋する押
型紋土器は，縄紋土器の長い変遷の中において，
特異な技法上の位置を有している。早期初頭を相
前後する時期において，北は青森県から南は鹿児
島県まで，北海道を除くほぼ日本全土に広範囲な
分布を示し，革新的ともいえる施紋法として一時
期を凌駕するのである。こうした技法あるいは，
原体レベルにおける押型紋土器の斉一性は，草創
期と早期を画する時期区分上の問題としても重要
な意味をもつと思われる。同一技法における斉一
的な分布や比較的短期間に消滅したことを考え合
わせるならば，押型紋土器が各地域で個別に出現
したのではなく，系統あるいは秩序をもった構造
的な広がりとして把握することができるであろ
う。

　押型紋土器は，戦前から縄紋土器の起源を探る
鍵として，また東北地方の貝殻・沈線紋土器と対
峙した関係で論じられてきた。しかし，戦後の撚
糸紋土器の変遷や 1960 年代における隆起線紋土
器をはじめとする草創期前半の土器群の出現によ
って，ややもすると押型紋土器は客体的存在とし
て，型式学的な検討や細分が十分に論議されない
まま今日を迎えているのである。

　また，東北地方にも押型紋土器の存在が知られ
るようになった。技法上の斉一的な広がりの中に
も，施紋された紋様段階での地域性が明確になっ
てきた。たとえば，東北地方の日計式，関東地
方の撚糸紋と併用する押型紋，中部地方の帯状
施紋の押型紋，いわゆるネガティヴ押型紋といわ
れる近畿地方の神宮寺式・大川式といった特徴的
な紋様を施紋する押型紋が，各地域で分布してい
る。これらの地域性を論じるためには，型式学的
検討によってその同時性を証明する必要があろう
が，おそらく押型紋土器出現の前段階の様相を反
映していると考えられる。

　しかし，この前段階すなわち草創期の崩壊過程

から革新的な技法の押型紋土器の出現までの間，
いかなる土器が位置づけられるか，それが大問題
なのである。関東地方の撚糸紋土器を除いて，他
の地域では草創期終末期の土器が空白なのであ
る。これが，単に編年表上の空白なのか，未命名
あるいは未知の土器が介在するのか，はたまた，
草創期前半の土器が下るのか，押型紋土器が遡る
か未解決の問題を多く含んでいる。このブラック
ホールの究明こそ，押型紋研究の重要な課題の一
つである。押型紋土器の出自を探ろうとする時，
この暗黒の陥穴に入り込み，多くの研究者を悩ま
す結果となっているのである。こうしたジレンマ
を，草創期前半の土器と直結させて解消しようと
するのは，いささか短絡的な思考法ではないだろ
うか。たしかに，押型紋土器の普遍性からみれ
ば，撚糸紋土器のあり方は異質であり，異常であ
る。しかし一方，撚糸紋土器から押型紋土器への
変化も客体的ではあるが普遍性をもっているので
ある。互いにその接点を見いだせないまま，押型
紋土器の出自や地域性の議論は，研究者自身の地
域性を色濃く反映しているのが現状であろう。

　こうした現状を打開するためには，押型紋土器
の型式学的検討を通して，その上限と下限を定
め，細分型式の議論を深化させる必要がある。ま
た，この手続きを抜きにしては地域性を論じるこ
とはできないし，その背景としての縄紋時代の人
人の動態を究明することにもならないであろう。

　まず，押型紋土器解明の手掛りを探る旅として
の東北から出発してみようと思う。

2　東北地方の押型紋土器

　この地域は長らく押型紋土器に対峙する貝殻・
沈線紋土器の文化圏として位置づけられてきた。
しかし，この地域にもやや異質な日計式と総称さ
れる押型紋土器の存在が知られるようになったの
は，1950 年代のことである。この時期，注目す
べき二つの発掘が青森県下で行なわれた。一つは
1955 年に佐藤達夫らによる唐貝地貝塚の発掘で

あり，もう一つはその2年後1957年に江坂輝彌らによる日計遺跡の発掘である。佐藤は少量であったが，層位的事実と日計式に共伴する縄紋土器の型式学的な特徴から花輪台1式と関連づけ，これらの一群を編年上やや降り，花輪台2式以降に位置づけた[1]。一方，江坂は北海道の押型紋土器との関連を求め，日計式を早期終末のムシリⅡ・Ⅲ式に位置づけたのである[2]。こうした相反する評価からしばらく不安定な位置におかれた日計式も，1964年岩手県蛇王洞洞穴の発掘の結果[3]，佐藤の編年的位置づけの正しさが再認識されたのである。

日計式とよばれる押型紋土器は青森県から新潟県・千葉県にまで分布し，貝殻・沈線紋土器に先行する地域性をもっている。施紋原体は重層山形紋と重層菱形紋が基本形（図1—1・2）でありその変化形とみられる数種のバリエーション（図1—3・4）もみられる。原体は直径・長さともに大きく，両端は加工しない。遺跡の数は100遺跡近く知られているが，量的には少なく，細別型式が設定できるまでには到っていない。相原淳一の3段階区分[4]や，武田良夫の日計式から大新町式へという変遷[5]は大筋では正しいように思われる。ここでは，貝殻・沈線紋土器以前の日計式を前半期，貝殻・沈線紋土器を伴う日計式を後半期に大別して考えてみたい。

前半期は，重層山形紋と重層菱形紋の日計式と縄紋を施紋した土器が共伴，あるいは併用される。いずれも口縁部には数条の沈線紋をめぐらす。また宮城県松田遺跡[6]では，第Ⅰ群と第Ⅱ群に細別されることから，前半期はさらに二分される

可能性を含んでいる。岩手県馬場Ⅱ遺跡例，青森県唐貝地貝塚例，新納屋(2)遺跡例が古く，山形・菱形紋がややくずれ，口縁部の沈線が密接して集合あるいは平行押型紋によって施される青森県日計遺跡例，宮城県下川原子A遺跡例，竹之内遺跡例が新しい傾向にある。

後半期の日計式は，山形・菱形の基本形がくずれ，V字形・X字形の単位を平行線あるいは鋸歯状に充塡し，原体はより大きく長くなる。口縁部の沈線は密接し，帯状を呈する。この沈線を平行線紋押型紋で施紋する例も多くみられる。これらが貝殻・沈線紋土器と共伴することは，岩手県大新町遺跡例[7]（図2）を見れば明らかであろう。口縁部から横区画の平行沈線紋・格子目沈線紋に続き，日計式押型紋を施している。大新町遺跡の沈線紋土器には口縁部が内ソギとなり器壁が厚く，胎土に繊維を含まない三戸・大平式段階のものと，それ以前と考えられる口縁部が丸味をもち，器壁も薄く胎土に繊維を含むものがある。この沈線紋に対応するように後半期の日計式もさらに二分されよう。この時期の押型紋は，青森県幸畑遺跡例，秋田県岩井洞洞穴例，福島県観音谷地遺跡例があげられる。日計式押型紋土器は，2大別4細分が可能なように思われる。

今，仮に下限を三戸・大平式段階に求めることが可能であれば，その上限は遡ったとしても佐藤が指摘した花輪台1式前後が妥当な位置づけであろう。では，福島県竹之内遺跡[8]から出土した撚糸紋土器，普門寺式押型紋，日計式押型紋は，どのような関係にあるのであろうか。出土した普門寺式は，おそらく稲荷台式土器に後続する段階の

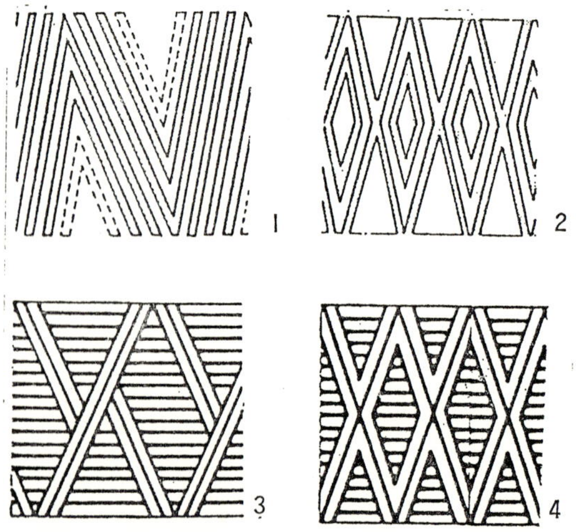

図1 日計式土器の紋様（1・2 前半期，3・4 後半期）

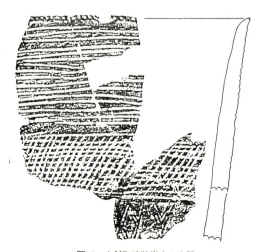

図2 大新町遺跡出土の土器

ものであろう。また，同遺跡の日計式は前半期のものであり，竹之内式と呼ばれる沈線紋土器との共伴より，時期的には普門寺式に近い関係にあると思われる。

日計式前半期の分布が東北地方に留まっていたのに対し，後半期には，撚糸紋土器の終焉とともに南関東に広がりをみせるようになる。神奈川県三戸遺跡で出土した綾杉状押型紋[9]は日計式の影響と思われる。また塞ノ神式にみられる信州から西日本にまで広がる鋸歯状山形紋も日計式の終末と関連があろう。

3 関東地方の押型紋土器

この地域の押型紋土器は，常に客体的なあり方を示している。しかし，押型紋土器に先行する土器群は，現在のところ撚糸紋土器しかないのであるから，押型紋土器出現のメカニズムは撚糸紋土器の変遷の中にその手掛りを求めなければならないであろう。撚糸紋土器との関係は古くして新しい問題である。撚糸紋土器との伴出関係は，1939年稲荷台遺跡の発掘からはじまっている。この事実をもとに江坂輝彌は，南北二系論を提唱したが，戦後の神奈川県大丸遺跡・平坂遺跡，夏島貝塚の発掘より，江坂の想定は破綻し，押型紋土器との共伴関係も精算される結果となった。変わって，撚糸紋土器終末期の無紋土器すなわち，平坂式段階に，押型紋土器が共伴するということが定説化したのである。

しかし，近年東京都多摩ニュータウン No.269 遺跡をはじめとして，撚糸紋土器との伴出例は増加している。再び撚糸紋土器との共伴説が活発化してきた。しかし，層位的な事例はなく，いずれも情況証拠でしかない。撚糸紋土器のどの段階に共伴するかは，慎重に検討しなければならないが，平坂遺跡の層位的な関係は再考を要しよう。重要なことは，これらに伴出する押型紋がいずれも山形紋を主体とした帯状施紋か密接施紋の土器ということである。客体的な中にあっても，押型紋土器の本来的な姿が内在しているように思える。

こうした情況証拠とは別に，その共伴関係を示す二つの事例がある。一つは東京都二宮森腰遺跡例[10]（図3—1・2）と，もう一つは千葉県東寺山石神遺跡例[11]（図3—3・4）にみられる特徴的な押型紋土器の存在である。二宮森腰遺跡例は，口縁部が肥厚した一条の沈線の直下から山形紋を縦方向に施

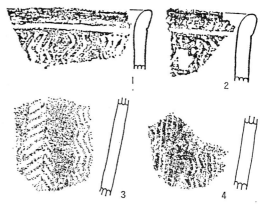

図3 二宮森腰遺跡（1・2）と東寺山石神遺跡（3・4）出土の土器

紋したものである。この器形は共伴した稲荷原式と同じものであり，この段階に押型紋が存在することは動かし得ないものであろう。東寺山石神遺跡例は，撚糸紋と押型紋を併用して施紋するものである。押型紋は，矢羽状や変形した山形紋・三角紋を施した幅のせまい特殊な原体を用いている。類例は，二ッ木貝塚ほか千葉県下で数例しか知られていない。地域色の強い押型紋土器である。残念なことに，これらの土器はいずれも口縁部片がなく，時期の決め手に欠く。しかし，おそらく伴出した第5類（花輪台1式）に伴うものと考えられる。

以上の例から，押型紋土器が稲荷原式以降の撚糸紋土器終末期に共伴することは明らかであろう。しかし，これらの土器はいずれも土着化した手法であり，本来的な押型紋土器の施紋技法を示していない。すくなくとも山形紋の帯状・密接施紋の土器群は，これらの前段階に位置づけなければならないであろう。撚糸紋土器の変遷をみるとき，稲荷台式以降の終末期の中にこそ，押型紋土器出現の背景が隠されているのではあるまいか。撚糸紋土器の終末期には，多数の型式が設定されている。これは研究者の型式設定の理解にも問題があろうが，撚糸紋土器の崩壊過程の複雑な様相を反映しているともいえそうである。この崩壊過程の中に，新しく胎動しはじめる流れの一つとして，押型紋土器の出現背景を読み取ることができるのではないだろうか。

しかし，撚糸紋土器の変遷過程の中には押型紋土器を出自する基盤は認められない。おそらく稲荷台式直後の段階に，中部地方からの影響を受けた押型紋土器が流入したのであろう。次の段階

で，二宮森腰遺跡例や東寺山石神遺跡例のような在地化した押型紋土器があらわれるという訳である。

関東ではおそらく，中部地方における沢式，それに続く樋沢式が撚糸紋土器終末期と併行する。続いて三戸式・田戸下層式の沈線紋土器段階では，楕円紋を加えた水平施紋の押型紋土器の一群が伴うものと考えられる。関東の押型紋土器の下限は，現在のところ田戸下層式段階と推定される。

4 中部地方の押型紋土器

信州をはじめ飛驒を中心とした山岳地帯には，濃密に押型紋土器が分布している。その存在は古くから知られ，研究の関心も高いところである。その研究史上，二つの問題がある。その一つは，押型紋土器の位置づけを常に関東の撚糸紋土器の変遷を視座において捕えようとした点である。草創期前半の土器群が発見された現在でも根強い潜在的意識が働いているようである。

もう一点は，立野式と樋沢式の関係である。立野式を古くするものと樋沢式を古くするものと二者に分かれる。立野式を古く位置づける人々は，栃原岩陰をはじめとした層位的な事例をその根拠にする。果たしてそうであろうか。立野式を最古とするならば，その起源は当然，近畿地方の押型紋土器に求めなければならない。神武東征説である。かつて，佐藤達夫が神宮寺式・大川式を別系統として位置づけたように[12]，ひとまず立野式を中部地方の押型紋土器の変遷の圏外におくことがより妥当であろう。立野式を理解する上で重要な資料が，奈良県大川遺跡から出土している（図4）。この土器はネガティヴ押型紋の中に，山形紋の帯状施紋が加えられたものである。帯状施紋の手法が大川式に嵌込められた異系統同一個体の土器である。すなわち，型式学的には大川式が帯状施紋

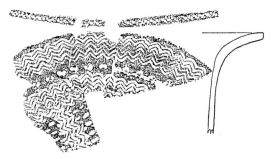

図4 大川遺跡出土の土器

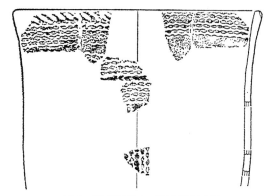

図5 樋沢遺跡出土の楕円押型紋土器

をもつ中部地方の土器と関連していることを示している。

では，この帯状施紋土器は中部地方のどの段階に対比できるのであろうか。帯状施紋をもつものには二時期ある。帯状施紋だけの沢式段階，帯状施紋から密接施紋への過渡期的な樋沢式の段階である。長野県における沢式段階のものは，向陽台遺跡のものが対比されよう。編年的には沢式から樋沢式へ変遷する。樋沢式の中には，帯状施紋の楕円紋が存在することが注目される[13]（図5）。問題はこの土器の口縁部のキザミである。かつて可児通宏が指摘[14]したように，立野式や神宮寺式・大川式にもあり，それ以降の水平施紋の押型紋土器にもみられる。また，樋沢式に後続する細久保式の外反する口縁部，頸部の刺突紋は大川式に共通する。これらの諸点を考え合せるならば，大川式は樋沢式に対比しうるであろう。立野式は樋沢式から細久保式への変遷の過程で，関西の大川式が流入してくる分派型式であろう。楕円紋の出現はこの時期のネガティヴ紋の反転現象かもしれない。また，大川式の口縁部横方向・胴部縦方向という施紋手法が，立野式では逆転していることも留意する必要があろう。

中部地方における押型紋土器の前半期を沢式・樋沢式・立野式が占め，後半期には細久保式・ひじ山式・塞ノ神式・高山寺式・相木式の諸型式が位置するであろう。後半期の細久保式と総称されるものは，なお細分が必要であろうし，その変遷については検討課題を残している。また，前述したように塞ノ神式の鋸歯状押型紋は，時期的に日計式の新しいものと関連しよう。ひじ山式より新しいとみられる楕円紋を主体とする一群は，岐阜県星の宮遺跡の例などから，田戸下層式に併行するものと考えられる。高山寺式と相木式の前後関

36

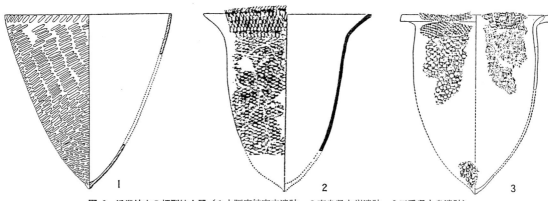

図 6　近畿地方の押型紋土器（1 大阪府神宮寺遺跡，2 奈良県大川遺跡，3 三重県大鼻遺跡）

係は明確ではないが，高山寺式は長野県下ではあまりみられず，東海から九州にかけて広く分布している。相木式は近畿地方の兵庫県神鍋遺跡にもあり，終末期の地域性をもった土器群といえよう。中部地方の押型紋土器の終末は，田戸上層式段階におさえておくことが妥当と思われる。

5　近畿以西の押型紋土器

近畿地方には，神宮寺式・大川式とよばれるネガティヴ押型紋土器が分布している。原体の彫刻法が反転しているため，通常の押型紋とは異質な感じを与えている。原体の両端は加工せず，直径は太く幅は長くつくられる。その原体の大きさは日計式のそれに似る。これらが回転紋であることは明らかであるが，なお信じようとしない人々もいる。神宮寺式（図6—1）と大川式（図6—2）とは型式学的にも異なった別個の型式と考えられるが，その前後関係を示す層位的な事例はない。また，型式学的にも十分な吟味がなされているわけでもない。

最近，大川式を古く，神宮寺式を新しく見る見解もある。大川遺跡には神宮寺式の要素がみられるが，神宮寺遺跡には大川式の要素はない。口縁部に横方向，胴部を縦方向に施す帯状施紋の規範は大川式により強く認められる。神宮寺式はこの規範がややくずれ，縦方向のみの施紋もみられる。また横方向の施紋が口縁部近くに集約され，紋様帯は短い。大川式が口縁部に回転紋を施紋する例が多いのに対し，神宮寺式の多くは口縁上端にキザミをもつ。このキザミは後出の要素とみることもできる。

ここでは，以上の型式学的な相異点を指摘するに留め，その前後関係について保留しておこう。

重要なのは，神宮寺式が近畿以西，鳥取県久古遺跡，立縫遺跡，広島県馬取貝塚，高知県飼古屋岩陰など中国・四国地方に分布するのに対し，大川式は長野県立野式にみられる如く，東海・中部地方に分布することである。最近，三重県大鼻遺跡[15]の縄紋を多用する大鼻式と称されるネガティヴ押型紋は，大川式の一地方色とみるべきであろう（図6—3）。出土した表裏縄紋をもって草創期前半期と関連づけようとするのは，慎重に願いたい。また，有舌尖頭器の伴出を根拠とすることも同様である。前述したように大川式は樋沢式段階であり，神宮寺式・大鼻式も近畿地方の押型紋土器前半期として位置づけられよう。

後半期は水平施紋の尾上式や，楕円紋を主体とし，口縁裏面にも紋様を施す黄島式が近畿以西に広く分布している。黄島式が九州で著しく発達した口縁内面施紋の押型紋土器と関連することは，多くの認めるところであろう。終末期の高山寺式もこの黄島式の分布を踏襲した広がりをもつ。また，高山寺式を主体とした島根県上福万遺跡[16]では，九州の平栫式併行の土器が出土しており，九州地方の早期編年の時期的な指標となると思われる。なお近畿地方の穂谷式はおそらく相木式の仲間であろう。

九州地方は押型紋土器が独自の発展をとげた地域であり，平底のものや器形も多様である。その変遷は大まかに川原田式→早水台式→田村式→ヤトコロ式→手向山式という変遷[17]が考えられている。早水台式が黄島式に対比され，田村式が高山寺式に対比されるという。古いとされる川原田式は横方向の帯状施紋であり口縁内面にも施紋がみられ，本州における後半期のものに対比されよう。前半期の押型紋土器が欠落しているか，また

37

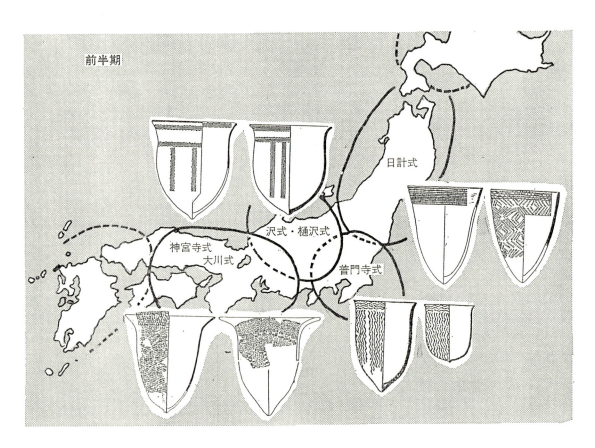
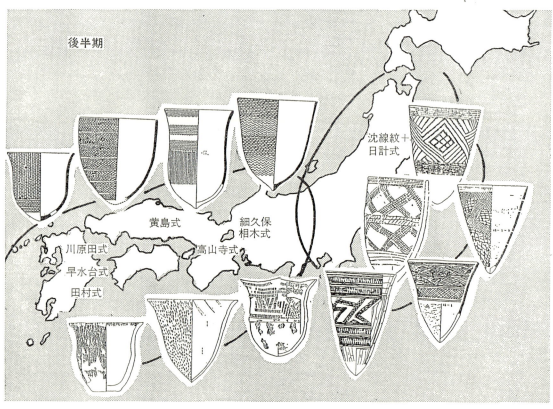

図 7 押型紋土器の分布

別系統の土器が位置づけられるのか，九州における押型紋土器出現のあり方を示している。その反面，本州にはみられない平底の押型紋が高山寺式以後，存続するらしい。しかし，いずれにしても本州の押型紋土器の消長と大きく異なるわけではなく，早期後半にはその終末を迎えるのであろう。また激動する九州の早期編年の中で，押型紋土器の変遷や地域性については，他の早期諸型式との関連や位置づけが整備された段階で，改めて検討しなければならない重要な課題の一つである。

6 押型紋土器の地域性

各地域の押型紋土器について概観してきたが，現在のところ，細分型式での相互関連や地域性を論じるに十分な編年が確立しているとはいいがたい。今その地域性を前半期と後半期に分けてみるならば，図7のような分布圏を示すことになろう。

前半期には東北地方を中心とした日計式，関東地方の撚糸紋土器終末期，中部地方の沢式・樋沢式，近畿地方の神宮寺式・大川式の四つの地域に分けることができる。これは縄紋晩期前半の東北地方の亀ヶ岡式，関東地方の安行式，中部北陸地方の佐野式，八日市新保式，近畿地方の滋賀里式といった地域性と類似している。また，これらの地域がなんらかの形で亀ヶ岡文化圏の影響を受けていることは，押型紋土器の地域性を考える上でも，重要な視点と考えられる。

後半期は，東北地方の日計式と共伴する貝殻・沈線紋土器の分布圏が関東にまで及ぶのに対し，中部地方以西は山形紋，楕円紋の押型紋土器が九州にまで広がり二大分布圏を形成するのである。これもまた，縄紋晩期終末の亀ヶ岡式と遠賀川式の分布圏に対比され興味深い。

最後に押型紋土器出現の様相についてふれておきたい。東北から九州まで広域的かつ斉一性をもって出現する背景には，その前段階として山内清男が指摘したように，麺棒の如く回転して土器の表面を調整する技法が発達していたのではないだろうか。彫刻のない円棒の調整具の存在が，急速に広がる押型紋土器の流行の要因とも考えられる。押型紋土器の施紋法の地域差は，この調整技法と関連づけて推定することもできる。しかし，先にあげた四つの地域の中で，どの地域で押型紋土器が最初に出現するのかという問には，即答できる段階にはない。中部地方の立野式を最古に位

置づけるのであれば，その起源は近畿地方の神宮寺式や大川式に求めなければならない。しかし広域に拡散する押型紋土器のエネルギーが果たして近畿地方の早期縄紋社会にあるのであろうか。否，そうとは思えない。やはり，現段階では中部地方の押型紋土器を視座の中心におき，その起源を究明することが最も妥当であろう。後半期に広がる山形紋や楕円紋を主体とした彫刻法の斉一性は，沢式や樋沢式の伝統の中に求められよう。

また，全国的に斉一的分布をもつ押型紋土器の出現は，草創期と早期を区分しうる画期といえよう。この提案は，今後十分に検討する必要があろうが草創期を撚糸紋土器までとした創始者山内清男の大別法ともそれほど矛盾しないように思われる。撚糸紋土器をもって早期とする小林達雄は，「古き襄に新しい酒を」と自説をキャンペーンするが，大事なのは，実は古き襄であって酒ではない。美酒を飲み過ぎて悪酔いしたら，百年の大計を見逃すであろう。

註

1) 佐藤達夫・渡辺兼庸「青森県上北郡出土の早期縄紋土器」考古学雑誌，43−3，1958
2) 笹津備洋「八戸市日計遺跡」史学，33−1，1960
3) 芹沢長介・林　謙作「岩手県蛇王洞洞窟」石器時代，7，1965
4) 相原淳一「日計式土器の成立と解体」赤い本，創刊号，1982
5) 武田良夫「岩手県における押型文土器文化の様相」赤い本，創刊号，1982
6) 宮城県教育委員会「松田遺跡」『仙南・仙塩・広域水道関係遺跡調査報告書Ⅱ』1983
7) 盛岡市教育委員会『大新町遺跡—昭和57年度発掘調査概報』1983
8) いわき市教育委員会『竹之内遺跡』1982
9) 領塚正浩「三戸式土器の検討」唐津考古，5，1985
10) 秋川市教育委員会『秋川市二宮神社境内の遺跡』1974
11) 千葉県文化財センター『東寺山石神遺跡』1977
12) 佐藤達夫・大野政雄「岐阜県沢遺跡調査予報」考古学雑誌，53−2，1967
13) 岡谷市教育委員会『樋沢押型文遺跡調査研究報告書』1987
14) 可児通宏「押型文土器の変遷過程」考古学雑誌，55−2，1969
15) 三重県教育委員会「大鼻遺跡の縄文時代早期特集号」国一バイパスだより，1986
16) 鳥取県教育文化財団「上福万遺跡」『鳥取県教育文化財団報告書』1985
17) 山崎純男・平川祐介「九州の押型文土器」考古学ジャーナル，267，1986

微視的にみた土器型式の地域性
諸磯b式土器

東京大学助手
羽生淳子
（はぶ・じゅんこ）

諸磯b式土器を構成する特定の属性に注目して土器分類を行ない，各群の出現率を比較することによって地域差が指摘できる

　従来の縄文土器研究の主流は，編年研究であり，地域差の研究も，より精密な編年網を作成するという視点から行なわれることが多かった。しかし，土器研究の可能性は，編年研究だけに限定されるわけではない。

　文様・形態などの土器の諸属性は，先史時代人の観念を反映するものであり，それ自体，先史時代の文化と社会を考える際の有力な手がかりである。とくに，同一ないし類似した属性を有する土器が一定の時・空間的広がりを持つ複数の遺跡から出土するという事実は，土器自体が一つの文化表象となり得ることを示すと同時に，各遺跡においてそれらの土器を製作・使用した集団の間に，直接的・間接的な交流が存在したことを示す。したがって，遺跡間の土器の類似と相異を調べ，得られた結果に検討を加えることによって，遺跡間の交流や集団のあり方などに関して，遺跡分布論や集落論とは異なる視点から復元を試みることが可能である。

　このような視点に立ち，ここでは，諸磯b式土器を例として，同一型式内における地域差をどのような形で捉えるか，また，それが，従来の編年研究とどのように関わるのかについて考える。

1 編年研究の概略と諸磯b式土器のヴァリエーション

　諸磯b式土器の時間的変遷については，今村啓爾と鈴木敏昭による研究がある[1,2]。両氏の研究は細部では異なるが，大まかな流れとしては一致する。ここでは，今村の記述に従い，細分型式として，諸磯b式古段階，中段階，新段階の三区分を用いる。

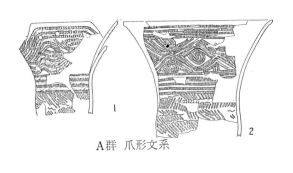

A群 爪形文系

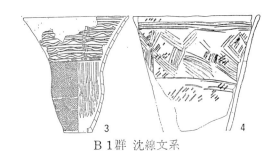

B1群 沈線文系

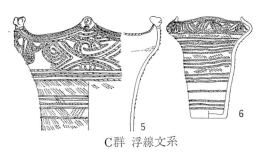

C群 浮線文系

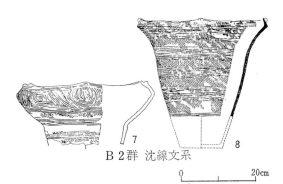

B2群 沈線文系

図1 諸磯b式土器
1・2 鷺沼1住，3 多摩ニュータウンNo.457.3住，4 細田9住，5 北前1住，6 塚屋70号土壙，
7 東光寺裏7住，8 阿久72住

これらの土器は，施文技法から見た場合，沈線文系，爪形文系，浮線文系，の3つに大別される。b式古段階は，爪形文系土器（A群，図1—1・2）およびこれと器形・文様構成の点で類似する沈線文系土器（B1群，図1—3・4）を組成の中心とし，b式中段階と新段階は，浮線文系土器（C群，図1—5・6）およびこれと類似する沈線文系土器（B2群，図1—7・8）を中心とする。各群の特徴を以下に記す。

　A群：爪形文系土器　半截竹管を用いて平行沈線を描き，その中に同一施文具によって連続的な爪形の刺突を加えた，いわゆる連続爪形文によって主文様が施されている深鉢形土器を本群とする。平行沈線が省略されて，爪形文のみが施される場合も本群に含める。

　器形は，朝顔形に開くものが大部分を占めるが，ごくゆるいキャリパー形を呈するものもある。前者には，平縁ないし二単位波状縁（波頂部がゆるいカーブを示す——図1—1）が多く，後者には四単位の山形波状縁が多い。胴部は，いったんゆるくくびれてから開く器形と，直線的に立ち上がり，そのまま上部へ外反するものとがある。

　主文様は，口縁部から胴上半部にかけて施され，その上限と下限は，通常，横走する連続爪形文によって区画される。区画帯の内部には，全面にわたって曲線的な文様が施される場合と，内部をいったん三角形ないし菱形に区画し，その中に種々のモティーフを充塡する場合とがある。

　B1群：沈線文系土器　半截竹管を用いた平行沈線文によって主文様が施される深鉢形土器のうち，器形・文様構成がA群と類似する土器を本群とする。胴上半部文様帯の内部には，波状文を数段にわたって施すもの，三角形や菱形の区画を施すもの，斜行線や木葉状の図形を乱雑に描くものなどがある。B2群土器に比して，平行沈線の幅は広く，おおむね5mm以上である。

　C群：浮線文系土器　器面に細い粘土紐を貼付する，いわゆる浮線文を用いて主文様を施した深鉢形土器を本群とする。浮線上には，ヘラ状工具による刻み目が施されることが多いが，縄文が施文されたり，無文のまま残されたりする場合もある。

　器形は，四単位波状縁でキャリパー形のものが大部分を占める。とくに，新しい時期に位置づけられる資料では，キャリパー形の湾曲度が強まる傾向がみられる。

　主文様は口縁部付近に集中するが，胴下半部まで数条一組の横位浮線が付されるため，文様帯の下限は不明確である。口縁部付近に施される文様のモティーフは，出現期には蕨手状や弧状のもの

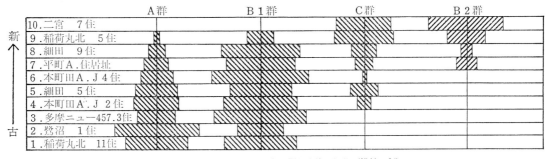

図2　関東南部地域における各群別組成比の推移（横軸は％）

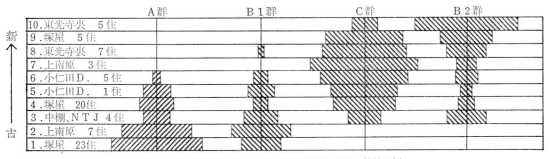

図3　関東北西部地域における各群別組成比の推移（横軸は％）

41

もみられるが，最盛期では渦巻文ないしそれに近い曲線図形を充塡するのが一般的である。さらに新しいタイプになると，こうした特徴的なモティーフは消失し，横位浮線だけが施されるようになる。

B2群：沈線文系土器　半截竹管を用いた平行沈線ないし集合沈線文によって主文様が施される土器のうち，器形・文様構成がC群と類似する土器を本群とする。B1群に比して平行沈線の幅は狭く，おおむね5mm未満である。

諸磯b式土器の深鉢形土器には，このほかに，縄文のみを有する土器，無文土器，その他上記のいずれの群にも分類し得ない土器が存在する。また，深鉢形土器のほかに浅鉢形土器もある。しかし，量的に主体を占めるのはここに示した四群である。

前述のように，諸磯b式古段階はA群・B1群を組成の主体とし，諸磯b式中段階・新段階はC群・B2群を組成の主体とする。このことから考えると，各遺跡における各群の出現率は，時間的要因によって決定されているように思える。しかし，実際の資料で各群の出現率を調べてみると，時間差だけでは説明しきれない差異が認められる。ここでは，関東南部地域と北西部地域の資料

を比較し，地域差が認められるか否かを検討する。

2　各群別組成比からみた同一型式内の地域差

図2・3は，関東南部地域と，関東北西部地域のそれぞれの遺跡から，土器片の出土量の多い住居址内一括資料を選び，A群，B1群，C群，B2群の四群の土器の口縁部個体数（長さ5cm未満の資料は除く）および出現率を求めて，これを，セリエーションという方法によって，推定される時間的順序に並べたものである。原データを表1・2に示す。また，遺跡の分布図を図4に示す。セリエーションとは，アメリカ考古学において，複数の一括資料を時代順に並べるために考案された古典的な手法である[3]。まず第一に，各資料における各群の遺物の出現率を求める。次に，その値を図化して，横長の紙片に記入する。そして，各群の遺物の時間的消長が，図上で紡錘形を示すと仮定した上で，でき上がるセリエーション図がもっとも矛盾のない推移を示すように紙片を上下に動かし，各資料の時間的前後関係を決定する。もちろん，実際の資料では，すべての群がきれいな紡錘形を示すことは稀であるし，個々の遺跡の前後関係については決定しかねる場合も多いが，各土器群の大まかな量的変化を把握するのには有効な方法である。

図2・3における各群の消長を比較すると，両地域とも，時間とともにA群が減少し，C群が増加する点では共通する動きを示している。しかし，沈線文系土器に注目してみると，関東北西部地域では，B1群はA群とほぼ一致する動きを示し，両群の減少にともなって，C群とB2群が徐々に増加するのに対し，関東南部地域では，A群が減少しても，B1群は減少する傾向をみせない。そして，A群の減少期における両地域のC群土器の割合を比較すると，関東南部地域の資料では，関東北西部地域の資料に比して，C群土器は全体の中で小さい割合を占めるにすぎない。

表1　関東南部地域の資料における各群土器の出土点数　（ ）内は％

資　料　名	A　群	B1群	C　群	B2群	計
1．稲荷丸北　　11住	6(46.2)	7(53.8)	0	0	13(100.0)
2．鷺　沼　　　1住	28(65.1)	15(34.9)	0	0	43(100.0)
3．多摩ニュー457.3住	5(29.4)	12(70.6)	0	0	17(100.0)
4．本町田　A．J2住*	6(33.3)	10(55.6)	2(11.1)	0	18(100.0)
5．細　田　　　5住*	13(31.0)	20(47.6)	9(21.4)	0	42(100.0)
6．本町田　A．J4住*	9(23.7)	28(73.7)	1(2.6)	0	38(100.0)
7．平　町　A．住居址	8(17.8)	24(53.3)	6(13.3)	7(15.6)	45(100.0)
8．細　田　　　9住*	7(12.3)	34(59.6)	11(19.3)	5(8.8)	57(100.0)
9．稲荷丸北　　5住*	2(4.2)	10(20.8)	22(45.8)	14(29.2)	48(100.0)
10．二　宮　　　7住*	0	0	5(41.7)	7(58.3)	12(100.0)

表2　関東北西部地域の資料における各群土器の出土点数　（ ）内は％

資　料　名	A　群	B1群	C　群	B2群	計
1．塚　屋　　　23住	12(70.6)	5(29.4)	0	0	17(100.0)
2．上　南　原　7住	7(53.8)	6(46.2)	0	0	13(100.0)
3．中棚NTJ　4住*	4(20.0)	5(25.0)	5(25.0)	6(30.0)	20(100.0)
4．塚　屋　　　20住	11(26.8)	5(12.2)	20(48.8)	5(12.2)	41(100.0)
5．小仁田D．　1住*	7(20.0)	7(20.0)	18(51.4)	3(8.6)	35(100.0)
6．小仁田D．　5住*	1(5.3)	2(10.5)	13(68.4)	3(15.8)	19(100.0)
7．上　南　原　3住	0	0	11(84.6)	2(15.4)	13(100.0)
8．東光寺裏　7住*	0	2(4.3)	30(65.2)	14(30.5)	46(100.0)
9．塚　屋　　　5住*	0	0	16(59.3)	11(40.7)	27(100.0)
10．東光寺裏　5住*	0	0	7(20.0)	28(80.0)	35(100.0)

* は報告書図版からデータを作成。他は資料を実見。

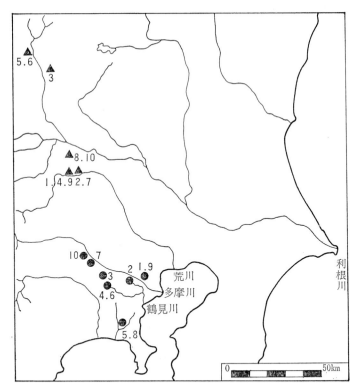

図 4　遺跡分布図
●は関東南部地域，▲は関東北西部地域の遺跡をあらわす。
数字は表 1・2 の資料番号と一致する。

3　地域差と時間差

 以上の事実から，各群別の組成比の時間的変化は，両地域において異なる動きを示すことがわかった。すなわち，関東北西部地域では，組成の中心は，A群・B1群からC群・B2群へとスムーズに変化するのに対し，関東南部地域では，A群・B1群→B1群→C群・B2群という変化が認められる。従来の編年でいえば，A群とB1群を主体とする資料は諸磯b式古段階に相当し，C群とB2群を主体とする資料は諸磯b式中段階と新段階に相当する。したがって，関東南部地域では，諸磯b式古段階に位置づけられる資料が，さらに新旧二段階に細分し得ることになる。

 関東南部地域では，A群の減少期における組成の主体はB1群であるのに対し，関東北西部地域では，A群の減少とともにB1群も減少し，C群が増加している。ここで，両地域においてA群の減少が同時に起こったと仮定するならば，関東南部地域におけるB1群を主体とする資料と，関東北西部地域におけるC群を主体とする資料が，時間的平行関係にある可能性を指摘できる。すなわち，C群土器は，関東北西部地域において，関東南部地域よりも先に組成の主体を占めるようになったと考えることができる。

 C群とB2群は，器形・文様の点で，それ以前の諸磯式土器とは非常に異なる特徴を有する土器群である。A群とB1群の器形および文様構成は，基本的には，それ以前の土器（諸磯a式）の延長線上として理解できるのに対し，C群のキャリパー形の器形は，A群・B1群と著しく異なっている。また，文様構成の点でも，上半部に主文様帯，下半部に縄文ないし無文という従来の構成が大きく変化し，数段にわたる横方向の区画が施されるようになる。B2群土器の器形・文様構成も，C群と同様の特徴を有している。したがって，型式学的にみれば，A群・B1群はC群・B2群に比して，より古い系統に属する土器である。それにもかかわらず，上記のような結果が得られたことは，A群・B1群からC群・B2群への移行が，両地域において一様に起こったのではないことを示す。すなわち，二つの地域では，型式学的にみて類似した特徴を示す土器に，異なる時間的位置づけが与えられる可能性がある。

 従来の型式学的方法に基づいた編年研究では，編年の横軸としての地域を限定した上で，その中における土器の諸属性の差異を時間的変化として説明してきた。しかし，上記の結果は，型式学的にみた時間差が，地域差と密接な関係にあることを示すものである。すなわち，ごく短い時間内に資料を限定した上で資料間の土器の差異を比較するならば，従来の土器編年において時間的変化の指標と考えられてきた属性を，微細な地域差の指標として用い得る可能性もある。

4　同一型式内における地域差の解釈

 以上示した，関東南部地域と関東北西部地域における土器の差異は，諸磯b式という一型式の内部における，いわば型式よりも下位レベルでの差異である。このような，一型式内における地域差について，その意味を具体的に論じた研究はあま

43

り多くはないが，その一つとして鈴木公雄による安行式土器の研究がある[4]。

　鈴木は，土器型式の分布圏を，①「大略同一の土器を使用することを共通の意志とする集団」に関わるもの，と定義する。そして，一型式分布圏内の地域差については，②「①のような意志に包まれつつも，その中の一部に独自の意志を持ちえた集団」の存在を示すものと考える。

　一型式内における地域差が，集団の独自の意志を反映するものか，あるいは土器の製作者にとっては非意図的なものであったかを知り得る手がかりは少ない。しかし，複数の遺跡から類似する土器が出土する，という事実は，少なくとも，その遺跡間に何らかの形で直接的・間接的な交流が存在したことを示す。ここで，遺跡間の土器の類似の度合は交流の疎密を反映する，と仮定するならば，型式よりも下位のレベルでも土器の類似がみとめられた，関東南部と関東北西部の各地域内では，各地域間よりも遺跡間の交流が密であったと考えることができる。

　ここで示した関東南部地域と関東北西部地域という地域区分は，文様に基づいた各土器群の出現率をセリエーション図によって比較するために，筆者が便宜的に設定したものである。したがって，これをそのまま地域集団と考えることはできないが，地域差の傾向を比較するうえでは有効な単位であろう。当時の，より具体的な地域集団の抽出を試みるためには，今回用いたような施文技法に基づいた各群の組成比だけでなく，複数の属性を重ね合わせて，遺跡間の土器の類似と相異を個別に検討する必要がある。

5　おわりに

　以上述べてきたことから，同一土器型式内においても，型式を構成する特定の属性に注目して土器の分類を行ない，各群の出現率を比較することによって，地域差を指摘し得ることが明らかになった。そして，型式学的な立場からは時間的指標と考えられる土器の属性でも，時間幅を区切って考えた場合には，地域差の指標となり得るものもあることを指摘した。さらに，地域差の解釈について，今後の研究の見通しを示した。

　型式とは異なるレベルで土器の類似と相異を検討することにより，編年以外の土器研究を試みることが可能になる。これは，山内清男以来の伝統

的な縄文土器研究と矛盾する立場ではないと，筆者は考えている。

註
1）　今村啓爾「諸磯b式・c式土器の変遷と細分」『伊豆七島の縄文文化』武蔵野美術大学考古学研究会，1980
2）　鈴木敏昭「諸磯b式土器の構造とその変遷（再考）」土曜考古，2，1980
3）　Ford, J. A. "A Quantitative Method for Dating Cultural Chronology". Pan American Union. 1962. ほかを参照
4）　鈴木公雄「安行系粗製土器に於ける文様施文の順位と工程数」信濃，21―4，1969

図1の出典
1）・2）羽生淳子「縄文土器の類似度―土器の属性分析に基づく遺跡間の関係復元への新たな試み―」史学，55―2・3，1986，第1図
3）　川島雅人・石橋峯幸・金持健司「多摩ニュータウンNo. 457遺跡」『多摩ニュータウン遺跡　昭和56年度』第3分冊，東京都埋蔵文化財センター，1982，第9図
4）　白石浩之『細田遺跡』神奈川県埋蔵文化財調査報告23，神奈川県教育委員会，1981，第28図
5）　村田一二ほか『北前貝塚』野田市文化財報告第4冊，野田市郷土博物館，1979，第19図
6）　市川　修ほか『塚屋・北塚屋』埼玉県埋蔵文化財調査事業団報告第25集，1984，図版108
7）　中島　宏ほか『伊勢塚・東光寺裏』埼玉県遺跡発掘調査報告書26，埼玉県教育委員会，1980，第38図
8）　百瀬新治ほか『長野県中央道埋蔵文化財包蔵地発掘調査報告書，原村その5，昭和51・52・53年度』1982，図143

資料（図1の出典に記したものは省略）
市川　修ほか『上南原』埼玉県埋蔵文化財調査事業団報告書第10集，1982
小渕忠秋ほか『稲荷丸北遺跡』ニュー・サイエンス社，1983
久保常晴編『本町田』立正大学文学部考古学研究室調査報告第1冊，ニュー・サイエンス社
黒岩文夫・富沢敏弘『中棚遺跡―長井坂城跡―』関越自動車道（新潟線）地域埋蔵文化財発掘調査報告書（KC-Ⅵ），群馬県昭和村教育委員会，1985
甲野　勇・新井　清・持田春吉ほか『川崎市宮崎新鷺沼鷺沼遺蹟発掘調査報告書』川崎市高津図書館友の会郷土史古代班研究部・宮崎古代文化研究会，1966
武部喜充・大賀　健『小仁田遺跡』関越自動車道（新潟線）水上町埋蔵文化財発掘調査報告書，山武考古学研究所，1985
村井美子ほか『二宮遺跡　1976』秋川市埋蔵文化財調査報告書第5集，秋川市教育委員会，1978
和田　哲「八王子市平町縄文前期遺跡」古代，51，早稲田大学考古学会，1968

地域性をめぐる解釈

亀ヶ岡と亀ヶ岡もどき──■ 林　謙作

北海道大学助教授
（はやし・けんさく）

──地域性をとらえる指標──

これまで縄文晩期編年の基準とされてきた亀ヶ岡式土器について，施
文技法・器種構成の検討を通してその地域なり遺跡の特性をとらえる

はじめ，この特集の依頼をうけた時は，縄文晩期の西日本から出土する東日本系の土器，東日本から出土する西日本系の土器の双方を取りあげるつもりであった。しかし，東日本──言いかえれば亀ヶ岡式土器・安行式土器の分布圏からの西日本系の土器の出土例は，しだいに数を増してはいるものの，なお点としての存在にとどまり，分布の範囲・系統などをまとめて吟味できるまでにはいたっていない。ここでは，安行式あるいは滋賀里式土器にともなう東北系の土器──亀ヶ岡もどきの土器だけをとりあげることとする。

1　亀ヶ岡式土器の施文技法

　山内清男は，亀ヶ岡式土器の「文様は粘土が乾燥に近付いてから加えられ，半ば彫刻したものである。単に箆先で引擦って作ったものは少い」[1]と指摘し，亀ヶ岡式土器の施文技法の特徴を的確に言いあらわしている。亀ヶ岡式土器を手にとって，くわしく観察したことのある人なら，その文様や文様帯の界線に，施文の際に生じる粘土屑（＝まくれ屑）がほとんど残っていないことに気付くだろう。これが亀ヶ岡式土器の文様が流麗な印象をあたえる原因のひとつになっている。なぜ，亀ヶ岡式土器の器面に，粘土屑が残らないのだろう。

　その問題にふれる前に，亀ヶ岡式土器の施文手順を述べておく必要がある。紙数の関係で実例をあげることは見合わせ，大まかな手順だけをしめすことにする。

0　突起・注口など細部整形の完了。
①　地紋の施文（無文磨研の場合には省略される。また口頭部には施文しないことがある）。
②　文様帯の割りつけ（水平の界線をひく・界線は普通2本以上を一組とする）
③　図柄の割りつけ（図柄表現に必要な部分の地紋を消す。ただし口頭部文様帯の場合は省略されることがある）。

④　図柄の表現（地紋を消した部分を線で囲む。あるいは無文部に図柄を線描きする）。
⑤　文様の仕上げ（線描きした図柄に，必要に応じて削りこみをくわえ，磨きをかける）。

　この手順は，時として手抜きがあっても，どの工程かが前後逆になることはまずないと言ってよい。一見亀ヶ岡式土器を忠実に写したように見えても，この手順が前後していることがある。関東・中部地方にしばしばそのような例が見受けられ，時として福島県下にもある。本場の亀ヶ岡式土器と，場末の亀ヶ岡，そして亀ヶ岡もどきは，まずここにしめした施文手順にしたがっているかどうか，その点から区別して行く必要がある。

　問題の粘土屑が生じるのは，②と④の工程である。山内の言うように，この時素地の乾燥がすんでおれば，粘土屑は生じにくくなる。しかし，ここでもう一段こまかく観察して見ると，粘土屑の痕跡が，とくに文様帯の界線にそって残っていることがある。粘土屑は⑤の工程で削り取られ，磨きをかけられて姿を消しているのである。ところで，粘土屑の痕跡がどこにあるのかよく注意して見ると，興味深いことに気づく。無文帯と地紋の間を走る線を観察して見ると，粘土屑の痕跡は無文帯の側にだけあり，地紋の側には見られない。これは本場の亀ヶ岡式土器の作り手たちは，粘土屑が引き出されることを意識し，のちの工程で始末できる側に粘土屑を片寄せるようにしていることを示している（口絵1b）。

　地紋を施文するときに粘土屑がつぶれたのではないことは，文様帯の界線がかならず地紋の端をつぶしていることから確かめることができる。これから描こうとする直線の方向に直角に，器面に対して斜めの位置に施文具（かりに箆と呼んでおく）をたもって線をひくと，粘土屑は箆の表側──力の抜ける方向──に生じ，裏側にはほとんど生じない。地紋側に粘土屑をのこさぬためには，箆の先をすり消し・磨きの加わる側にあてて

線をひく。

地紋のなかを口縁と平行に走る，上下を沈線で区画された無文帯の場合を考えて見よう。この場合，上下ともに地紋側に粘土層を残さぬためには，篦の向きを変えなければならない。上の線を引くときは，篦先は口縁から胴部に向かい，下向きとなり，下の線の場合には反対に胴部から口縁部に向かい，上向きとなる。つまり，亀ヶ岡式土器を作った人々は，文様帯の構成を念頭におきながら，頻繁に篦先のむきを変えながら，文様帯を割りつけ，図柄を描いていた。こうすれば，たとえ粘土層が器面に残ったとしても，地紋を消す工程，そして削りこみ・磨きをかける工程で始末することができる。この手法は，私が資料を見たかぎりでは，松島湾沿岸以北の地域では後期後葉から晩期を通じてひきつがれて行く。関東地方では安行II式の紐線文土器にはこれに近い手法が見られるが，安行IIIa式になると姿を消してしまう。

亀ヶ岡式土器の施文具を，かりに篦と呼んでおいた。これはかならずしも正確ではない。むしろ北陸・近畿地方の東日本系土器の施文具の方が幅にくらべて厚味がないという意味では篦という名にふさわしい。ただし，のちに実例について検討するように，北陸・近畿地方の施文具では先端部にささくれが立ったままになっている場合が多く，割り竹あるいは片木と呼ぶ方がふさわしい。亀ヶ岡式土器の作り手たちは，断面が真円ではなくとも角を落とし，丸味をつけ，そして先端にも丸味をつけた竹箸にちかいような道具で文様を描いている。亀ヶ岡式土器の沈線の断面形は，丸味をもっているものが圧倒的に多く，V字あるいは凵のようになっている例はきわめてすくない。亀ヶ岡式土器の文様は，このような施文具を，こまかに（同じ場所に何回も）あてる手法（これを「重ね引き」と呼ぶことができよう）で描かれる。

亀ヶ岡式土器，あるいはその影響をうけた土器を観察する場合，描かれた図柄に関心がひきつけられがちとなる。しかし図柄は時期ごと，地域ごとの変化が大きく，型式編年の対比の手がかりとしては有効ではあっても，亀ヶ岡と亀ヶ岡もどきといった根本的な区別をつける目やすとしては不適当な面がある。これに反して，ここに指摘したような，

(1) 一貫した施文手順
(2) 施文具の方向の切り換え
(3) 竹箸状の施文具の使用
(4) 重ね引きの手法

は亀ヶ岡式土器全体に共通する特徴となり，東北地方以外の地域では，例外的に見受けられることはあっても，施文技法の基調となることはない。東北地方以外の地域で出土する「亀ヶ岡系土器」が搬入品かコピーかを判定する場合，かつて鈴木公雄が関東地方後期の粗製土器で実証したような[2]施文技法そのものの吟味を土台にすえる必要がある。

2 器種組成の比較

いわゆる「亀ヶ岡系土器」は，
①東北地方（新潟地方をふくむ）からの搬入品
②亀ヶ岡式土器のうつし
③在地の型式と亀ヶ岡の手法の融合したもの
　a．亀ヶ岡からの影響がつよく，在地の型式とも亀ヶ岡式ともつかぬもの
　b．在地の型式のなかに亀ヶ岡系の要素がとりこまれたもの

に区別することができよう。このうち①は晩期中葉の近畿地方の場合などをのぞけば，きわめて少数であり，何かの容器としてはこばれた土器がたまたま発見されたと考えても差支えない。③bも隣接する地域の型式にはしばしば観察されるところであり，とくに問題とする必要もない。問題は②・③aのような土器がどのようにして，またなぜ作られるのか，ということである。

亀ヶ岡式土器のうつし，あるいは在地の型式を約束をふみ越えるほど強い影響を受けた土器は，どのようにして作られるのか。この問題はほとんど具体的に検討されたことがない。ただひとつ，滋賀里遺跡での東北系・北陸系土器の胎土分析の結果[3]が，暗示をあたえる程度である。ここでは，北陸系土器の胎土は北陸地方の素地をもちいており，北陸地方から持ちこまれていると考えて差支えないのに対して，東北系土器は現地産の素地をもちいており，現地で生産されたと考えねばならないという結果がえられた。とすると，北陸系の土器は，滋賀里と北陸地方の住民の日常の交流のなかではこびこまれたものと考えられるのに対して，東北系の土器は亀ヶ岡式土器の製作の約束をある程度心得た人間が，滋賀里周辺にやって来て，その上で製作したことになる。その人間の出身地が北陸なのかそれより北の地域なのかは判

表　亀ケ岡と亀ケ岡もどきの器種構成の比較

地域＼時期＼器種		深鉢	鉢	浅鉢	壺	注口	台付	その他
北海道	前葉	極多	少	少	なし	多	なし	なし
	中葉	少	多	多	極多	稀	少	稀
東北	前葉	極多	少	稀	稀	少	少	稀
	中葉	なし	少	多	多	少	多	なし
関東	前葉	稀	多	少	少	稀	なし	稀
	中葉	稀	多	少	稀?	なし	多	稀
近畿	前葉	稀	多	少	少	稀	なし	稀
	中葉	極多	多	稀	なし	なし	なし	なし

らないにしても，われわれがとなり合わせの地域社会の交流というイメージでとらえているところとはまったく別のかたちの交流もあったことをこの分析結果はしめしている。

それでは，亀ケ岡式土器の分布圏外の地域の住民は，なぜ亀ケ岡もどきの土器をつくり，あるいははこびこんだのだろうか。その問題を器種組成という立場から検討して見よう。

亀ケ岡式土器では，晩期の他地域の土器にくらべて，精製土器がいちじるしく発達し，複雑な器種組成をしめすことが知られている。そこで頭に浮ぶのは，亀ケ岡もどきの土器が，在地の型式には欠ける要素を補うかたちで存在するという考えである。この考えは，亀ケ岡もどきの土器が例外なく精製土器であり，精製土器がはれの場で登場し，祭祀の場でもちいられたものという推論[4]がただしいものであるとすれば，亀ケ岡もどきの土器の分布圏では，東北地方と共通する祭式がおこなわれ，しかもそのモデルを東北地方にもとめていた可能性があることを示唆している。

また，亀ケ岡もどきの存在が祭祀の体系などにかかわるような特殊な意味をもつわけではなく，地域社会のあいだで，土器の製作・施文の技法などが交換された結果にすぎないという考えもなりたつだろう。

ここで，北海道・関東・近畿の3地域からいくつかの遺跡をえらび，前期前葉・中葉の亀ケ岡もどきがどのような器種をふくむのか調べて見る。北海道では前葉の例として千歳市美々4遺跡[5]，中葉の例として白老町社台1遺跡[6]，関東地方では千葉県多古田遺跡[7]，近畿地方では奈良県橿原遺跡[8]をえらんだ。東北地方の器種組成は宮城県館貝塚[9]で代表させている。亀ケ岡もどきの例数が少ないため，またかならずしも全資料を検討することができたわけでもないので，多い少ないという程度の大まかな表示にとどめた。

表に見られるように，北海道・関東・近畿の各遺跡での亀ケ岡もどきのあり方は，あまり一定していない。社台での亀ケ岡もどきの組成が皿を中心にするなど，東北地方の器種組成とほぼ一致している。これは晩期前葉から中葉に向かって，北海道南部に亀ケ岡系の影響が漸次強くなっていったことの反映であろう。このような場合は，隣接地域のあいだの，いわば日常的な交渉の存在をうらづけているものと考えることができる。これに対して，八日市場では晩期前葉の亀ケ岡もどきの主体をしめるのは，浅鉢類である。注口のように晩期前葉を特徴づける器種も見られるが，決して多数を占めるわけではない。中葉の亀ケ岡もどきでも鉢〜浅鉢が主流をしめるが注口は見られず，東北の器種組成とのへだたりは大きくなる。橿原の場合にいたっては，はじめから東北地方の器種組成の対応関係は見られない。とくに，中葉の亀ケ岡もどきでは，精製深鉢にかぎられてしまうが，この段階で精製深鉢が残存するのは福島県・新潟県など，亀ケ岡式土器の分布圏の周辺地域にかぎられる。ここにとりあげた例は，現在知られている資料から見れば，きわめて少数であり，これらの例がはたしてその地域全体を代表するものかどうか，問題はある。今後の分析によって修正をくわえる必要が生じるであろう。それを承知のうえで，一応の見通しを述べることにする。

表にしめした亀ケ岡もどきの器種の組み合わせから判断すれば，亀ケ岡式土器の分布圏外の地域の住民は，それぞれ独自の立場から——言いかえればそれぞれの都合で——亀ケ岡もどきの土器をつくり，あるいは輸入していた。したがって，第一の予想として述べたような晩期社会に共通するような，亀ケ岡式土器分布圏を規範とする祭儀の体系が存在したというようなことは想像しにくい。むしろ，亀ケ岡もどきの土器が遺跡によってまちまちの姿を見せることは，亀ケ岡系の要素をうけいれる動機がかならずしも画一的なものではなく，さまざまな動機がはたらいていたことを暗示するのだろう。

その反面，多古田と橿原が共通する傾向をしめす面もあることは興味をひく。両遺跡とも，前葉

の亀ケ岡もどきは，かなり多様な器種をふくんでいる。ところが，中葉になると多古田では浅鉢（あるいは鉢），橿原では深鉢というように，きわめて単純になってしまう。ただし，この現象も，見かけ上の一致と考えた方がよいように思われる。多古田の場合は，後期末葉の共通性の強い段階を経て，安行式は独自の型式としての色彩をつよめて行く。その過程が器種組成の変化に反映していると考えることができよう。橿原の場合には，問題はまったく別のようである。おそらくふたつの問題がふくまれるだろう。ひとつは亀ケ岡もどきの供給地であり，いまひとつは供給地との結びつきかたの問題である。

橿原の前葉の亀ケ岡もどきの主流をなす土器（口絵8，図1）は施文の技法・文様の構成から見ても，大洞B式とは結びつかない。鋭い施文具で切りこんだ三叉文を密に組み合わせた構成は，この土器の供給者が関東・北陸地方とかかわりがあることを暗示している。その意味ではこの種の土器は亀ケ岡もどきと言うよりは東日本系土器と呼ぶ方が正確だろう。それと対照的なのが晩期中葉の土器（口絵7・9・10）である。このなかには鍵手文をもつ例（口絵9）もあるが，大多数は大洞C_1式の珠文帯に対比できる刺痕列をもつもの（口絵10）で，あるいはくずれた羊歯状文（口絵7）も見られる。この土器の施文技法については，のちに触れるが，新潟県地方でとくに特徴的に見られるものであり，その意味ではこの土器は（新潟をも亀ケ岡式土器の分布圏にふくめるならば）亀ケ岡もどきというよりは，搬入品と考える方が正確であるかもしれない。新潟系の土器だけが晩期中葉の東日本系土器のなかに見られること，そしてその器種が深鉢に統一されていることは，この時期の橿原の住民が，あるかぎられた地域の住民と結びつきを保っており，しかもそのむすびつきを保つ契機が晩期前葉の段階よりはかぎられたものとなってきていたことを暗示しているのではなかろうか。

3 亀ケ岡・亀ケ岡もどきの比較例

はじめに亀ケ岡と亀ケ岡もどきを判別する原理をのべたが，具体例の検討を省略した。ここで，いくつかの実例をあげておく。

1. 千葉・多古田出土の深鉢（口絵2a・b）

ここに示した破片は接合しないが，おなじ個体に属する。施文手順は冒頭にのべた手順をふんでいる。削りこみ・磨きの手法でも区別できない。その意味では，東北地方の搬入品と考えて差支えない。それでは供給地はどこだろうか。多古田の位置から考えて太平洋沿岸の地域を想定してよかろう。松島湾沿岸以北の地域では，この時期までは精製深鉢の底部の無文帯は1～2条の沈線で区切られ，そこをいくらか削りこんだうえで磨きをかけている（口絵1c）。多古田の例では，区画線と削りこみ・磨きの手法は見られず，横方向のなでのうえに部分的に強なでを重ねるだけである。福島・山下谷遺跡[10]のような例をも念頭におけば，この給源はおそらく福島県太平洋沿岸部に求めることができよう。

2. 和歌山・和佐Aの深鉢（口絵3）

このように外折する口縁部に縄文帯をもつ深鉢は，東北地方よりも北陸地方に多く見受けられ，中屋式の特徴となる。この深鉢も施文手順としてはとくに不自然な点は見られない。文様帯の三叉文はきわめて鋭いタッチで描かれているが，口絵5のように文様描出後の磨きの段階で，つぶれが生じたのではなく，薄身の施文具をもちいた結果である。画面中央部の文様帯の上縁にそって，おなじ施文具を斜めにあてて横方向に動かした結果，幅広い削りこみが生じている。この部分から，施文具が薄身の箆状のもので，亀ケ岡式の竹箸状のものとは違うことが確実となる。また重ねびきの手法もとっていないことは，文様帯の三叉文ばかりでなく，文様帯の区画線の観察からもあきらかである。

3. 奈良・橿原の深鉢（口絵8）

一見したところでは，東北地方の羊歯状文（口絵5・6）と区別できないほどととのっている。しかし，羊歯の上下の珠文の部分を観察して見ると，細い管状の施文具を斜めに突き刺し，その方向を

図1 奈良県橿原遺跡出土の三叉文系文様をもつ土器

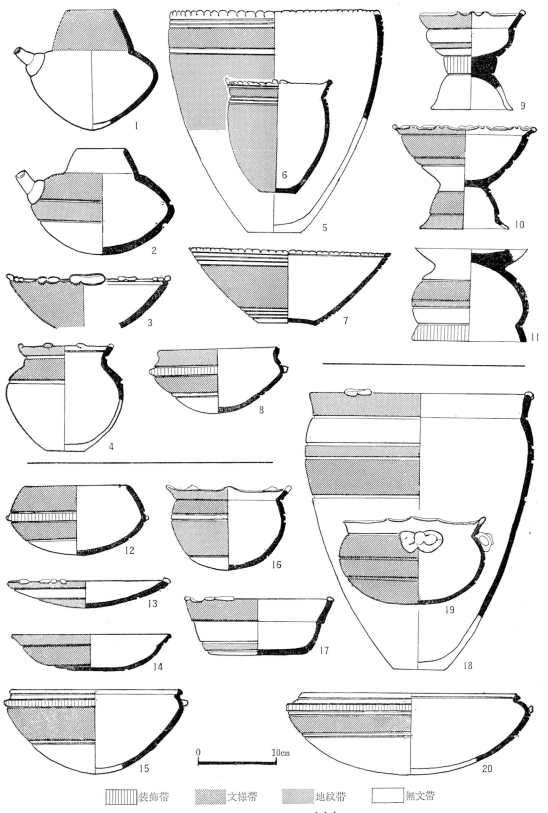

図 2　千葉県多古田遺跡の亀ケ岡もどきの土器
（1〜11：A系列－器型が類似するもの，12〜20：B系列－文様が類似するもの）（鈴木1981に加筆）

変えて器面に圧しつけていることがわかる。東北地方では，重ね引きによる沈線の間に残された浮文の部分に刻みを入れ，そののちさらに調整をくわえている。管状，ないし半管状施文具をもちいる手法は新潟県地方でとくに顕著である。

　4.　東京・なすな原の注口（口絵11a・b）

　三段づくりの注口で，1/2段・2/3段に界線を引いているが，一時に引いたものではない。1/2段の界線は羊歯状文の施文以前に引かれているが，2/3段の場合は，羊歯状文の描出後にひかれており，珠文が界線でつぶされている（口絵11b）。施文具も箆状のもので，東北地方とは違っている。羊歯状文の重ね引き，磨きもあまり顕著ではないように思われる。典型的な亀ケ岡もどきであり，素地から見て関東地方の製作であろう。

4　む　す　び

　亀ケ岡式土器は山内清男以来晩期編年の指準化石のような扱いをうけてきた。しかし，その基本となる共通の特徴がかならずしも正確にとらえられてきたとは言えない。個々の土器の年代を決定するうえではかならずしも有効ではないが，ひとつの地域・遺跡の土器群の構成を的確にとらえるためには，まず亀ケ岡と亀ケ岡もどきを区別し，ついで亀ケ岡もどきの性格をとらえる必要がある。

　「亀ケ岡系土器」がもっぱら編年の基準として扱われてきた結果，まとまった資料がとぼしかったためもあり，器種構成の検討を通してその地域なり遺跡の特性をとらえようとする動きも活潑ではなかった。ここに示した結果は，とうてい充分なものとは言えないが，今後さらに検討をかさねることによって，地域的な特性についてあたらしい知見がえられるのではなかろうか。

　従来，地域性といえば，土器型式の地域性にほかならなかったと言っても差支えないだろう。しかし，土器型式にしても器種の組みあわせに目をむけることによって，あたらしい事実が浮かび上ってくるはずである。さらに，土器型式のしめす地域性と，ほかの遺物（たとえば呪物）や活動に反映している地域性がどの程度かさなり，どの程度ずれるのだろうか。そのような検討はいまはじまったばかりであると言ってよかろう。

　　註

1）　山内清男『日本遠古之文化』14-15頁，先史考古

学会，1941

2）　鈴木公雄「安行系粗製土器における文様施文の順位と工程数」信濃，21-4，261-276頁，1969

3）　清水芳裕「縄文式土器の岩石学分析―滋賀里遺跡出土の北陸・東北系土器について」『湖西線関係遺跡調査報告書（本文編）』225-232頁，1973

4）　林　謙作「亀ケ岡文化論」186頁，『東北考古学の諸問題』171-203頁，東出版寧楽社，1976
　　佐原　眞「呪術の土器」『日本の原始美術　2』講談社，47-49，54頁，1979

5）　北海道教育委員会「美々4遺跡」『美沢川流域の遺跡Ⅰ』103-194頁，1977
　　林　謙作「美々4式の構成」『芹沢長介先生還暦記念考古学論叢』273-307頁，1983

6）　北海道埋蔵文化財センター『社台1遺跡』『北海道埋蔵文化財センター調査報告』1，17-186頁，1980

7）　鈴木公雄「原始・古代の八日市場―縄文時代」29-65頁，『八日市場市史　上』29-65頁，1981

8）　末永雅雄編『橿原』奈良・橿原遺跡発掘調査報告書刊行会，1961
　　橿原考古博物館『大和考古資料目録』5：Figs. 404-410頁，1977

9）　註4）林文献181頁

10）　鈴木公雄・林謙作編『縄文土器大成』4：PL 134，講談社，1981

　〔謝辞〕本稿作成にあたって，つぎの方々や機関のご好意により，資料を観察し撮影することができた。ふかく感謝する次第である。東北大学文学部考古学研究室（沼津貝塚），町田市教育委員会（なすな原遺跡），慶応義塾大学文学部民族考古学研究室（多古田遺跡），巽三郎（和佐A遺跡），奈良県立考古博物館（橿原遺跡），須藤隆・梶原洋（東北大），川口修三（町田市教委），鈴木公雄・阿部祥人（慶大），岡崎晋明（橿考博），中村貞史（紀伊風土記丘資料館）の各氏。なお口絵4〜6の写真は須藤隆氏から提供をうけた。

　〔追加〕多古田の東北系の土器がどのような器種の組みあわせをしめすか，すでに一通りは述べたが，その後検討した結果をすこし書き足すこととする。図2にしめすように，東北地方の土器と共通する要素をふくんではいても，それが器形・文様の双方が器形につよくあらわれている場合（図2：1〜11），文様のみに共通性が見られ器形はまったく違っている場合（同前：12〜20）がある。かりに前者をA系列，後者をB系列と呼んでおこう。晩期前葉（3a期）にはA系列が目立つが，とくに注口（1・2）・台附（9〜11）が目立つ。深鉢（5・6）がごく少数しかない点は注目せねばならない。前葉（3b期）からB系列が増化しはじめ，中葉には浅鉢・皿（3・7）にA系列の例があるものの，鉢〜皿（13・14・16・17・19）や深鉢（18）を中心としてB系列の方が目立つようになる。

特集●縄文文化の地域性

地域性の具体像

土器型式にみえる地域的なまとまりは他の文物や習俗の地域的なまとまりとどこまで一致し，どこから一致しなくなるだろうか

ヒトの形質／動物性食料／植物性食料／骨角製漁具／呪物／集落

人骨
ヒトの形質

東京大学大学院研究生
小 泉 清 隆
（こいずみ・きよたか）

縄文時代の地域差は縄文時代と現代人の時代差に比べればかなり小さく，現代日本人の地域差と同程度かそれ以下である

　縄文時代人骨の地域性に関する研究には大きくいって2つの問題点がある。第一の問題点は標本の代表性である。すなわち研究対象となる縄文時代の人骨が少ないことである。地域性を分析する際に使用する人骨が少ないと，サンプリングの誤差が生じ，その出土人骨から得たさまざまな計測値が本当にその当時のその地域の人々の形態を代表していると考えて良いのかどうかが疑問となる。結果的には統計的に有意な分析はできないので，その分析結果は意味のないものになってしまう可能性が高い。
　第二の問題は，地域差と時代差を分離できないことである。もともと縄文時代人骨は資料数が少ないので，同時期の人骨を日本各地から分析に耐えるだけ集めるのは困難である。したがって，地域性の分析をする際には異なった時期の出土人骨を一括して分析対象にすることが必要となり，そこで各時期の時代差がないかどうかの吟味が必要となる。縄文時代といっても数千年の長期間続いているので，当然のことながらその間には同じ地域に住んでいても明瞭な時代差がある。
　小片保[1]は縄文時代でも温暖な気候であったと考えられる早・前期と，寒冷化が進み劣悪な環境条件下にあった中・後・晩期ではあきらかな形態の違いがあったことを指摘している。このような時代差を考慮にいれなければ，本当の地域差を論じることはできない。これまでの研究では，中・後・晩期における時代差はあまり大きくないとして，無視して地域性の研究をしている。しかし縄文時代中・後・晩期の時代差が無視できるほど小さいのかどうかはまだわかっていない。時代差の分析には，同地域において時代差が研究できるほど多く各時期の人骨がそろって出土していることが必要となるが，実際には出土人骨が多くないため，後述するように，そのまま分析すればサンプリングの誤差による標本の代表性の問題が生じ，信頼性の高い結果が得られない。また標本数を増やすため複数の地域の資料を合わせて時代差を分析すると，地域差と時代差を区別することは困難なので，結果的に時代差だけを分析するのはできないことになる。すなわち，縄文時代の時代差の研究は，標本数が少ないため非常に難しいと言える。
　厳密に言えば，縄文時代人の地域性の研究は，日本各地から同じ時期の縄文時代人骨が地域性が論じられる個体数出土してはじめて分析可能になるのである。しかし実際には標本数が少ないので，異なる時期の資料を一括して分析をしなけれ

ばならない。後述するように，地域差は時代差に比べるとかなり小さいことが明らかになっている。地域性の研究をする際には，時代差による影響を考慮にいれなくてはならない。

1 これまでの研究

縄文時代人の地域性が論じられるようになったのは，発掘が進みある程度の個体数が揃うようになったここ15年ぐらいのことである。

今までの研究のうち主なものを取り上げてみると，小片保[1]，百々幸雄[2]，山口敏[3]，内田亮子[4]などの研究がある。

小片は比較的資料の多い縄文後期人について，日本東北部（岩手，宮城，福島，埼玉，千葉，神奈川，新潟）と西南部（鳥取，島根，岡山，愛媛，熊本，鹿児島）に二分し，主な計測値の有意差を検討している。その結果，男性の上顔高は東北人が西南人よりおおきく，結果的に上顔示数がおおきく狭顔であること，および鎖骨，上腕骨，橈骨，脛骨の最大長，中央周には有意差がないこと，大腿骨最大長は男性で東北人の方が西南人より有意に大きく，大腿骨から身長をピアソン法によって推定することにより，東北人男性（159.2cm）は西南人男性（154.6cm）よりも身長が高いこと，女性は有意ではないが西南人（149.6cm）の方が東北人（148.2cm）より大きいことを示した。

身長に関しては平本嘉助[5]が男性110例，女性88例の中・後・晩期より出土した大腿骨をもとに調査した結果，男性では地方差が認められないが，女性では東日本の方が身長が高いという結論がでており，小片の結果と明らかにくいちがう。これは後述するように，分析に用いた標本のサンプリングの誤差の結果であると考えられる。

百々は東北地方の縄文中・後・晩期の男性頭蓋29個体について計測値12項目，示数7項目を集計し，関東地方縄文人，本州西部縄文人（吉胡・津雲貝塚），現代東北日本人，近世アイヌの計測値と有意差のある項目数を比較することにより，東北縄文時代人は，本州西部縄文時代人（有意差のある項目：5項目）より関東縄文時代人（同：1項目）に近く，近世アイヌ（同：9項目），現代東北日本人（同：15項目）からは遠いことを示した。またペンローズの形態距離を用いて，縄文時代人の

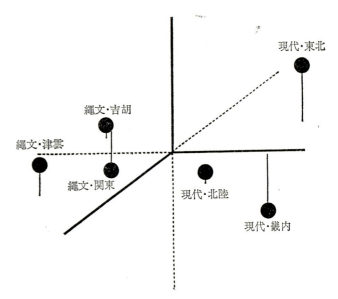

図1 多次元尺度法によるペンローズの形態距離の
3次元展開図（データは山口[3]）

地域差は，現代日本人にみられる地域差より小さいか，大きく見積っても同程度にすぎないことを示している。

山口は，比較的資料数のまとまっている岡山県津雲貝塚人，愛知県吉胡貝塚人，関東地方縄文人の三つの資料を取り上げ，これらと現代日本人三集団（畿内人，北陸人，東北南部人）の頭蓋計測値22項目に基づくペンローズの形態距離を比較することにより，縄文時代人3集団相互の距離と，現代日本人3集団相互の距離はそれぞれ小さく，縄文時代人と現代日本人の間の距離はかなり大きい。すなわち，地域差に比較して時代差がかなり大きいことを示している。また縄文時代人相互の距離と現代日本人相互の距離を比較することで，縄文時代人の地域差は現代日本人の地域差と同程度のおおきさであることを示した（図1）。

内田は，本州各地から出土した縄文中・後・晩期の縄文時代人25集団（男176個体，女169個体）の下顎を除く頭蓋計測値27項目と，17示数をペンローズの形態距離を用いて遺跡間の差を分析した結果，岡山県津雲貝塚人は低頭性が強く，他の縄文時代人集団とはかなり離れること，および津雲以外の縄文時代人集団はその形態距離が相互に近く，その差の程度はほぼ等しいことを示した。

またこれらの集団を東北，関東，愛知，津雲の4グループにわけ，それの地域差を検討した結果，脳頭蓋の高径，前頭部の幅径，上顔部の形態，正中矢状弧長と彎曲で地域差が認められるこ

とを示した。すなわち，脳頭蓋の高径では，津雲貝塚人が他の3集団よりかなり小さいこと，前頭部の幅径は東北縄文人で小さく，関東縄文人で大きいこと，上顔部の形態は縄文人では一般的に広顔であるが，津雲貝塚人および関東縄文人で上顔高が大きいため狭顔になること，正中矢状前頭弧長は津雲貝塚人が他の3集団に比べて短いこと，津雲貝塚人では前頭部の彎曲が弱いのに対して，後頭部では，東北縄文人が弧長が短く，彎曲も弱いことを示している。また現代日本人頭骨研究班のデータと比較することにより，縄文人と現代人の時代差は大きく，各時代の地域差はこれを越えることはないことを示した。

内田は遺跡間の分析のなかで，地理的距離が近い愛知県渥美半島の吉胡貝塚，保美貝塚，伊川津貝塚およびその近隣の稲荷山遺跡から出土した人骨は，決して形態的に近いとは言えないことを示しているが，計測誤差とサンプリングによる誤差がかなりこの分析結果に影響を及ぼしている可能性があり，本当に形態的に近いと言えないかどうかには疑問があろう。

以上，百々，山口，内田の研究を要約すると，縄文時代の地域差は，縄文時代と現代人の時代差に比較すればかなり小さく，現代日本人の地域差と同程度，あるいはそれ以下であるということになる。

2 問題点の検討

ではここで，縄文時代人の地域差の比較の対象となった現代日本人の地理的変異がどの程度の大きさであるのかを，頭蓋計測値を用いて考察してみよう。

集団間の差を研究する場合には，すべて一人の人類学者が計測した資料だけを用いることは希であり，複数の研究者によって計測された計測値を比較研究することが多い。このときに，計測者間の計測誤差が重要な意味を持ってくる。Kouchi and Koizumi[6]が明らかにしているように，日本人頭蓋の地域的変異を分析するときなど，もともと集団間差が少ないと予想される場合には，地域性の分析ではなく，計測者間の系統的な計測誤差を分析してしまう可能性がある。計測項目はマルチンによる定義が一般的に使用されており，計測者によって定義が異なる心配はないのだが，実際には計測者のちょっとした癖などによって，計測者間に系統的な誤差が出てくることが明らかになっている。この計測者間の系統的な誤差はもともと変異の小さい日本人集団の地域差の研究には致

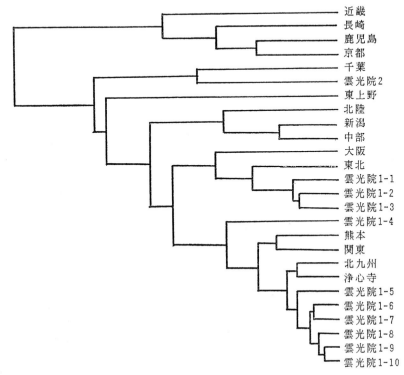

図2 頭蓋26計測項目に基づく日本人集団のデンドログラム

命的になる場合もありうる。

図2は頭蓋計測値に基づく平均平方距離における現代および近代日本人男性の地理的変異のクラスター分析の結果である。分析に使用した項目は，日本人頭骨研究班によって用いられた下顎を除く頭蓋の計測項目26項目すべてであり，人類学者が最も頻繁に使用する計測項目である。分析に使用した集団のうち，雲光院1-1から雲光院1-10までは，東京都江東区雲光院出土の江戸時代男性頭蓋30個体で，10人の人類学者が別々に計測した結果である。また雲光院2は，同じ雲光院出土の別の男性頭蓋 35 個体についての平均値である。東上野は，同じく東京都台東区出土の江戸時代男性頭蓋30個体，浄心寺は東京都江東区出土の江戸時代人頭蓋 22 個体であり，雲光院出土の頭蓋と地域的差，および時代差はないと考えられる資料である。浄心寺および現代日本人の計測値は現代日本人頭骨研究班[7,8]のデータを用いている。雲光院2，東上野，および浄心寺の資料の計測者はすべて雲光院1-3から雲光院1-10の計測者に含まれており，雲光院1との系統的な計測者間の誤差はない。

この分析をそのまま解釈すれば，同じ資料である雲光院1が大きく2つに分かれているので，この程度の差が計測者間の系統的な計測誤差の範囲以内であると考えられる。このレベルで考えると日本人集団は，近畿，長崎・鹿児島・京都，千葉・雲光院2，東上野，北陸・新潟・中部，その他の日本人集団の計6つのクラスターから成立することになる。この分析結果は雲光院1-5はまったく同じ資料である雲光院1-1よりも北九州に近いことを示している。しかし，同じ資料よりも他の集団の方が近いという現象は明らかに不合理であり，この分析結果は本当の意味での標本間の差異ではなく，計測者間の誤差を表わしている可能性が大きい。

Kouchi and Koizumi によれば，これらの26項目のうちでもっとも計測者間の誤差の大きいのは，両耳幅，頭頂矢状弦長，後頭矢状弦長，頭頂矢状弧長，後頭矢状弧長，眼窩幅および眼窩高である。これらを除く 18 項目を使用して，同様に平均平方距離からクラスター分析した結果が図3である。これによれば，10人の計測者による雲光院1は1つのクラスターにまとまるので，計測者間の誤差はかなり少なくなり，この分析結果は本来の標本間の差を示していると考えられる。計測誤差以上のレベルで標本間の差はあることは認められるが，図3でも北関東と南関東や北九州と長

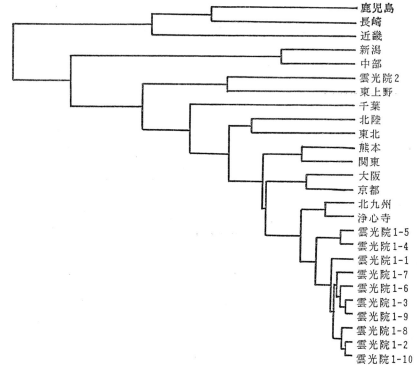

図 3 頭蓋 18 計測項目に基づく日本人集団のデンドログラム

崎など，地理的に近い集団が形態的な距離も近いとは言えない。極端に言えば，図3のクラスターは雲光院1以外はランダムに並んでいると考えざるを得ない。

この原因はサンプリングによる標本の代表性の問題にあると考えられる。雲光院1と雲光院2は全く同じ母集団から取っているので，その標本間に本質的な差はない。すなわち，その差はサンプリングによる誤差と解釈できる。また雲光院，東上野，浄心寺は同時代・同地域の集団であるから，この差もサンプリングによる誤差の範囲以内であると解釈できる。しかし図3を見ると，この雲光院1と雲光院2のクラスターの中に多くの現代日本人集団がはいっており，基本的に日本人集団の地域差はサンプリングによる誤差の範囲以内の小さな差しかないということになる。すなわち，現代日本人集団はほとんど均質な集団と言える。もともと地域差の少ない現代日本人集団の地域性をどうしても分析するには，サンプリングの誤差をかなり小さくしなければ，不可能と結論づけられる。当然標本数を大きくすればそれだけサンプリングの誤差は小さくなる。

今回の分析における標本数は雲光院1，雲光院2，東上野とも30個体，浄心寺は22個体であり，現代日本人集団の1集団当りの平均個体数は40個である。現代日本人のサンプリングの誤差は，今回示した江戸時代人の資料よりは多少少ないかも知れないが，ほぼ同様であろうと考えられる。同様の研究は頭蓋だけでなく小泉清隆・河内まき子[9]によって下顎でも行なわれており，やはり現代日本人の地理的変異はサンプリングの誤差の範囲以内であることが知られている。サンプリングの誤差を無視して，現代日本人の地域性を分析するには，今回の分析に使用した標本数のおよそ10倍は必要と考えられる。しかしそれだけの現代日本人頭蓋を集めるのは，現状では困難であり，人骨から現代日本人の地理的変異の研究をするのは難しいと言えよう。

山口，百々の指摘するように縄文時代人の地域差が現代日本人の地域差と同程度，またはそれより小さいならば，たとえ一人の研究者がすべての計測項目を計測したり，計測誤差の少ない項目を使用しないなど，計測誤差による影響を排除しても，現代日本人集団より分析可能な個体数が少なく，さらにサンプリングの誤差による標本の代表性に問題のある縄文時代人の地域性を分析するのは非常に難しいと言える。

現在，東京大学人類学教室の埴原和郎，小泉および工業技術院製品科学研究所の河内のもとに縄文時代から江戸時代までの約1,000件にものぼる発掘人骨の報告書が集められている。これらの中には今まで人類学者の目に止まっていなかった報告書も多く，一つの遺跡から出土する個体は少なくても，まとめ上げれば一つの地域での標本数はかなりの数になる。これらの計測値情報をすべてデータベース化して，これらの出土人骨について地域性，時代的変異など調査中であるので，近いうちに縄文時代の地域性，縄文時代から現代にかけての時代差の研究がさらに進むことは間違いがない。それについては別の機会に発表したい。

註
1) 小片 保「縄文時代人骨」『人類学講座5 —日本人』雄山閣，1981
2) 百々幸雄「東北縄文人男性の頭蓋計測」人類学雑誌，90 (suppl.)：119-128，1981
3) 山口 敏「縄文人骨」『縄文文化の研究1』雄山閣，1982
4) 内田亮子「縄文人頭蓋の地域性」東京大学大学院理学系研究科修士論文，1985
5) 平本嘉助「骨からみた日本人身長の移り変わり」考古学ジャーナル，197，1981
6) Kouchi M. and K. Koizumi "An analysis of errors in craniometry". J. Anthrop. Soc. Nippon, 93：409-424，1986
7) 現代日本人頭骨研究班編『現代日本人頭骨の地理的変異に関する総合調査報告』1981
8) 現代日本人頭骨研究班編『現代日本人頭骨の地理的変異に関する総合調査報告（Ⅱ）』1983
9) 小泉清隆・河内まき子「下顎計測値の誤差と日本人下顎骨の地域差」人類学雑誌，94：209，1986

資源利用・生業

動物性食料

奈良国立文化財研究所
松井 章
（まつい・あきら）

縄文時代の遺跡から出土する動物遺存体の地域性のあり方を，
近代の水産資源の統計データなどをもとに詳細に検討してみる

縄文時代の遺跡から出土する動物遺存体から地域性を抽出する試みはかねてから行なわれてきた。しかし，種名の概略だけでなく，全国の遺跡から出土した動物遺存体を一定の分析レベルで数量化し，相互の特徴を比較するためには，まだまだ資料不足の感がいなめない。各地の貝塚から出土した動物遺存体の種名を概観し，特徴を述べることは，すでに金子浩昌[1)~3)]，丹羽百合子[4)]，西本豊弘[5)] などの研究が詳しい。従来の方法による地域性の認識については，上の文献の記述を見ていただくとして，小論では考古学以外からの統計データを利用して，日本列島の水産資源のモデルを作り，そのモデルと縄文時代の貝塚の特徴と比較して，「動物遺存体からみた 縄文時代の 地域性」を考えてみたい。

どんな遺跡のどの層でも，またどの地点といえど，お互いに全く同じ動物遺存体の組成を持つものはない。さらに，複数の遺跡間の動物遺存体の組成は，さまざまな変化を示す。このような多様性は，概して次のような原因に起因すると考えられよう。

(1) 時代ごと，地域ごとの人々の捕獲技術の差

(2) 人々の文化的な選択性，とくに食べ方，分配，特定の動物種に対する嗜好，呪術の対象などの選択による差

(3) 季節による差

(4) 遺跡の立地する周辺の地理的に小さなスケールでの環境の差[6)]

(5) 海流，気候，動植物相などの地理的に大きなスケールでの環境の差

(6) 動物が捨てられてから出土するまでの保存環境，発掘技術の差，さらに同定技術の差

(7) その他

これら7つの原因のうち，日本列島全体からみた地域性という問題に最も関連するのは，(1)(2)(5)などの要因による差であろう。

小論では(5)の「大きなスケールでの環境の差」をとくに選んで，水産資源に主題を絞って，日本列島全体の 地域的な 特徴 をとらえて 概観したい。

1 比較の方法

近代における水産資源関係の統計資料の中で，もっとも古く，かつ種類の豊富なものは，1891年（明治24年）に発行された農商務省による『水産事項特別調査』（以後『統計資料』と略す）の数字であろう。この資料には主要な魚類，貝類，海草ほか，ウミガメ，クジラ，イルカ，カニ，エビなどに至るまでが，重量と売上額の両方で記載され，それぞれ淡水産，沿岸産と大別し，さらに各県ごと，あるいは水産区が異なる場合は同一県内でも太平洋，日本海側などと分けて，採取量が記載されている。

この『統計資料』がそれ以降のさまざまな統計資料と比較して利用価値が高いのは，この調査が行なわれた 1890 年代前半はまだ産業革命以前で，漁業の 資本主義的な 編成がまだ行なわれておらず，また鉄道網の完備による遠距離輸送の高速化，効率化も実現していない。そのため，この『統計資料』には，江戸時代までの漁業の前近代的な特徴が良く残っていると考えられるからである。

筆者が用いた分析方法は，この統計に記載された数字をすべてコンピュータに入力し，尺貫法で記載された重量をキログラムに換算して，さらに県ごとのデータを水産区をもとに仮に7つの地域に分けて各水域ごとに重量を集計して基礎資料としたものである[7)]。

2 各地域相互の水産資源の採取高の比較

地域別の魚貝類の生産高のグラフを一瞥して気がつくのは，関東地方の圧倒的な生産力の高さであろう。この資料において，関東地方の貝類や魚類の採取量が，全国比でそれぞれ 53%, 22% を占めているのは，当時のこの地域の消費人口の多さとともに，生態学的な要因も大きな影響を果して

いたと考えてまちがいない。実際に縄文時代におけるこの地域の貝塚の規模も数も，他の地域の貝塚を圧倒している。東京湾がなぜこのような水産資源に恵まれていたのかという疑問については，東京湾が浅く，貝類の生息に適していたとする説明は古くから行なわれている。しかしこのような叙述だけでは，縄文時代の水産資源の地域的な利用度の違いを科学的に説明したことにはならない。この理由を海外での研究成果を利用して説明してみたい。

先史時代のさまざまな自然環境に存在する資源の優劣については，イギリスの考古学者である故デビッド・クラークが一般論として優れた見通しを立てて説明している[8]。彼は生態学者のオダム[9]が考案した自然環境下における植物の第一次生産量（光合成量）という数値を用いて，小さなスケールで分類した自然環境の生産力と，そこに寄生する人口の許容量について考察を加えたのである。その結果，自然環境の中で最も第一次生産量が大きいのは，汽水の影響を受けた浅い海，川口，海岸平野の後背湿地などであると主張した（図1）。植物の光合成量を元にしたこのような図式は，そのまま食物連鎖によってその生態系を形成する動物の生息量に関連し，クラークの予想したように，食物連鎖の最上位に位置する人間の人口許容量にも影響してくるだろう。

このような研究から，自然環境に大きく依存する狩猟採集民が最も高い人口を維持できるのは，温帯域においては汽水の影響を受けた浅い海，河口付近，その後背湿地の周辺に適応した場合であると言うことができるだろう。筆者はこの仮説を支持するものである。日本列島において，このような環境をもつ地域のなかで，ずば抜けた面積を持つのが東京湾沿岸である。ここでは現在でも浅い海底が広がるだけでなく，多摩川，江戸川，荒川などの多くの河川が流入して汽水域を形成し，貝類や魚類などの生育に最も適した環境が形成されていたのである。さらに縄文海進時には，浅い海の範囲はさらに何倍にも広がっていたのである。後氷期をむかえた日本列島で，海への生活適応を始めようとした人々が，最初に貝塚を形成し始めたのがこの地域であったことは，このような環境の形成と無関係ではなかっただろう。

このような自然のなかで最も生産量の高い環境の占める面積を試算するために，東京湾と仙台湾のなかで，浅い海（便宜的に水深20m以内）と沖積平野の低地部（海抜20m以下）の間の面積を地図上でおって比較すると，東京湾沿岸がいかに広い自然の生産力に恵まれた地域を持っているかが理解できる（図2）[10]。

漁獲高について見てみると（図3），日本海，関東の2地域がそれぞれ全国比で約1/4，両地域で半分を占め，残りの地域をあわせて1/2を占めるにすぎないことが注目できよう。上位を占める魚種のうちには，イワシ，ニシン，カツオ，マグロ，サンマなどの回遊魚と，サバ，タイ（マダイ），アジ，カレイ，コノシロ，ボ

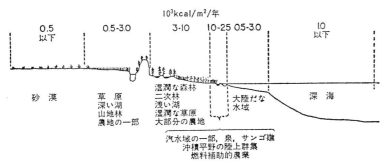

図1　世界の一次生産の分布（註9）より）

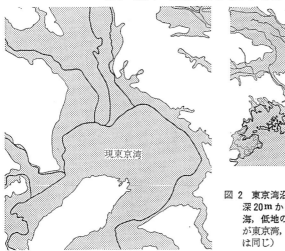

図2　東京湾沿岸と仙台湾沿岸の現水深20mから海抜20mまでの浅い海，低地の占める面積の比較（左が東京湾，右が仙台湾，スケールは同じ）

57

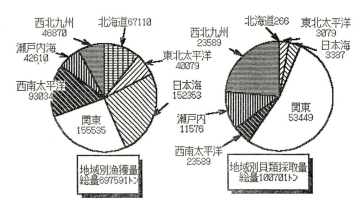

図3 地域別魚貝類の採取量の割合（数字はすべてトンである）

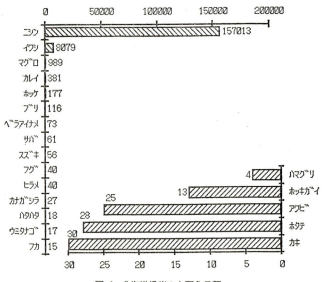

図4 北海道沿岸の主要魚貝類
（左が魚類，右が貝類，数字はトンである，以下同じ）

ラなどの沿岸性の魚種とに分けることができる。前者の場合，それぞれの地域の沿岸で漁獲可能な期間は限られ，短期間に集中的な漁撈活動を行なわねばならないわけで，漁撈技術も集団的，集中的になる。後者の魚種にも，成魚が産卵などのため決まった季節に沿岸に近づく種類があるが，未成熟魚は，捕食魚類の少ない浅い沿岸の海で大きくなるのを待つ。それらの魚種は通年漁獲が可能で，実際にいくつかの地域や時代によっては，貝塚からサバ，マアジ，マダイ，クロダイなどの未成熟魚が多く出土することも少なくない。時期や地域によるこのような未成熟魚の出土の有無も，地域性を認識する上で有効な項目となる。しかし，全国的に出土魚類の種名集成や，それぞれの魚種の体長復元を行なうには，まだまだ報告例が十分ではない。

3 地域ごとの特徴

つぎに，『統計資料』をもとに，各地域ごとに主要な種類を見て行きたい。

（1） 北海道（図4）

この地域の主要な貝種はカキ，ホタテ，アワビ，ホッキガイである。他地域に比較すると統計に現われた種類も少ないし，また，それぞれ100トン未満と量も少ない。

魚類についてもニシンが圧倒的である。この資料には出ていないがサケ，マスもそれぞれ12,352トン，921トンと大きな漁獲量を占める。しかしおそらくは前に述べたように，消費市場，流通手段の未発達から水産資源への開発は，そこの環境から利用できるものを効率よく利用するほどには進んでいなかったのであろう。統計に表われた水産物がサケ，マス，ニシン，コンブなど，簡単に保存加工ができて本州に輸送できる種類に集中することとも関連しよう。沿岸の地形からみても，最も高い生産力を持つ，汽水の影響を受けた浅い内湾の面積が少ないことにも，漁獲の種類と量の少なさに関係しているものと思われる。このような傾向は縄文時代まで遡り，広大な海岸線にもかかわらず，著名な貝塚が分布するのは釧路周辺，石狩低湿地，噴火湾沿岸などに限られることが指摘できよう。

（2） 東北太平洋（図5）

青森県から福島県にかけての東北太平洋沿岸で採取される貝類ではアワビが圧倒的に多く，ホタテ，アサリ，イガイなどがそれに続く。縄文時代の貝塚ではこのような種類とは別に，スガイ，クボガイ，レイシなどの小型の巻貝が主体を占めるところが多い。このような巻貝が統計に現われないのは，おそらく市場に出ることが少なかったためで，後にみるように関東地方で，キサゴが近代になっても多くの採取量を誇っているのと対象的である。『統計資料』からすると，東北太平洋地域の貝類の採取量はそれほど高くない。この数字

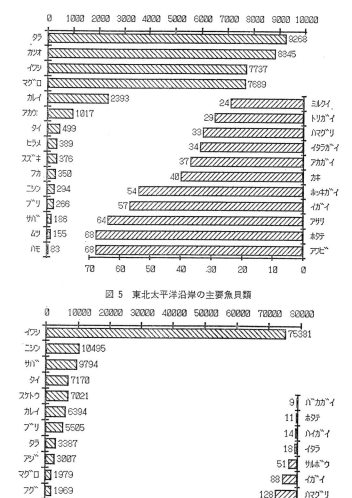

図5 東北太平洋沿岸の主要魚貝類

図6 日本海沿岸の主要魚貝類

が自然状態での貝類の生育量を代表していると考えると、この地域では貝の採取量は限られていたといわざるを得ない。しかし、この地域の縄文時代の貝塚は岩手、宮城、福島各県にいくつかの集中地域を持ち、関東地方と並ぶ著名な貝塚群を幾つも形成している。今後、大規模な貝塚群を生み出した背景についての、環境的、文化的な側面からの検討が必要であろう。

魚類についてみてみると、季節的に回遊して沿岸部にやってくるタラ、カツオ、マグロ、ブリなどが漁獲量の上位を占める。しかし、カレイ、アカウ（標準和名検討中）、タイ（マダイ）、ヒラメ、スズキなども上位に見られる。アカウ（?）を除け

ば、これらは貝塚からも良く出土する魚種である。またこの地域ではわずかに3トンと非常に少ないクロダイが、貝塚からは非常に出土量が多い。またニシン、ムツなどの回遊魚、あるいは深海の魚種の出土が少ないのは、縄文時代と『統計資料』の時代との漁撈技術の違いによるものであろう。

（3） 日本海沿岸（図6）

この地域は青森県から山口県までの長い海岸線を持つにもかかわらず、『統計資料』による限り、魚貝類の採取量は少ない。かつて山内清男は日本海沿岸に貝塚が少ない理由として、太平洋岸に比較して日本海沿岸は干満の差が少なく、貝類の生息に適した干潟ができにくいことを指摘しているが[11]、汽水域の広がる浅い海自体が少ないことがもっとも大きな原因であったろう。

魚類についても、青森から山口までの長い海岸線にもかかわらず、漁獲量は少ない。これは北海道でも指摘したように、汽水の影響を受けた浅い海域が少なく、年間を通じて捕獲の容易な沿岸魚の生育に恵まれていなかったこともあるだろう。

この地域で貝塚が比較的分布するのは、津軽半島西岸、八郎潟付近、富山湾から能登半島にかけて、若狭湾、島根県中の海、三保関周辺などである。北陸地方ではイルカ漁の重要性に注目されている[12]。また中の海、三保が関ではアオハタ、コショウダイ、カンダイ、フグ類などの暖流系の魚種が内湾性魚種とともに報告され、三保湾の内湾性漁撈と日本海での外洋性漁撈の両方に適応していたことが指摘されている[13]。

（4） 関東地方（図7）

この地域の貝類は、全国の総採取量のなかでも圧倒的な比率を占める。もちろん東京という大消費地がひかえていることも大きく影響しているが、水産資源に恵まれていたことも明らかである。ここではアサリが第1位を占めるが、キサゴ（標準和名ではイボキサゴか）もまた7,850トンとアサリに次いで第2位を占めている。この数字は商品として売りに出された数字を元にしているた

め，自家消費を含めた実際の消費量はさらに多かっただろう。キサゴは東京湾の縄文中期以降の貝塚から大量に出土し，厚い純貝層を形成していることも珍しくない。このようにキサゴを多食するという伝統が近代にまで続いていたことが指摘できたことは大きな成果であると考える。アサリ，キサゴを除いたハマグリ，バカガイ，シオフキ，カキ，アワビなども5,000トンから2,000トンを占め，それぞれの貝種ごとの全国統計でも圧倒的に第一位を占め，貝塚文化の繁栄した伝統を受け継ぐものである。

漁獲量でもこの傾向はみられ，7つに区分した地域のうちでは，関東の沿岸の面積がもっとも少ないにもかかわらず，全国のほぼ1/4の漁獲量を占める。上位を占める魚種では，房総沖，三浦半島沖などを主要な漁場とするカツオ，サンマ，マグロなどの回遊魚と，東京湾を主な漁場とするアジ，サバ，キス，タイ，ハゼ，ボラ，カレイなどの沿岸魚に分けられるであろう。このような魚種は縄文時代の貝塚の出土魚種とその立地に良く合致している。比較的漁獲量の多い魚種のうちで，貝塚からのサンマの出土例が少ないが，沖合いで短期間に集中して捕獲せねばならないサンマ漁が，まだ縄文時代には生まれていなかったのかも知れない。そのほかにコノシロ，カナガシラ，グチ（標準和名ニベ？），タチウオ，オコゼなども貝塚からの出土例が少ない。『統計資料』と貝塚からの同定結果に見られるこのような差が，縄文時代と近世の漁法の違いか，海域の環境の変化か，それとも同定の困難さによるものかなどを改めて検討する必要があるだろう。私見では，とくに関東地方ではさまざまな魚種が捕獲可能であったにもかかわらず，貝塚の土壌を精査しても，実際に検出できる魚種はそのごく一部，たとえば，アジ，サバ，マイワシ，エイ，サメ類のようなごくありふれた魚種に限られるようである。これは他の地域での縄文人の漁撈活動の特徴とも共通する。

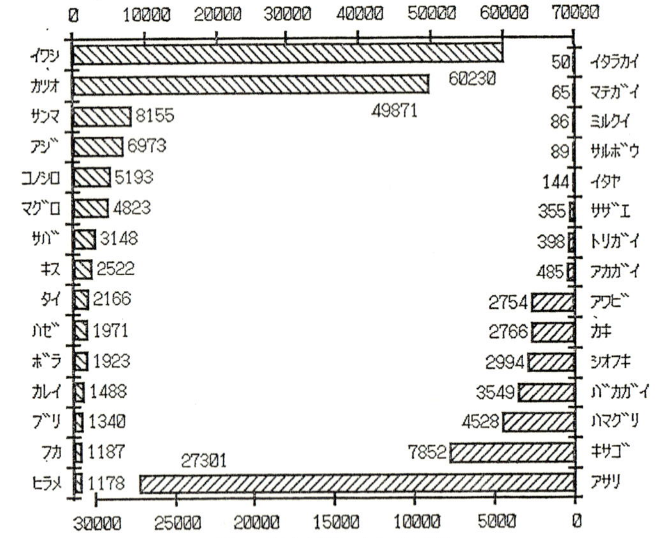

（5） 西南太平洋（図8）

静岡県から沖縄県にかけての地域は，黒潮の流れる広大な沿岸面積，長い海岸線を持つわりには漁獲量，貝の採取量は少ない。これはやはり内湾が少なく，外洋に面した部分が多いことから，浅い海の面積が少ないことが大きな理由となるであろう。主要な魚種は関東地方でみたように，カツオ，マグロ，サンマ，ブリなどの回遊魚とサバ，アジ，タイ（マダイ），フカなどの沿岸魚に分かれる。この地方の貝塚は宮崎県，紀伊半島，伊勢湾，三河湾などに集中が見られるが，関東，東北太平洋地域でみたように回遊魚の出土量は多くなかった。この地方の縄文時代の

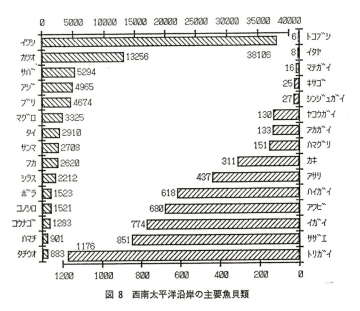

図7 関東沿岸の主要魚貝類

図8 西南太平洋沿岸の主要魚貝類

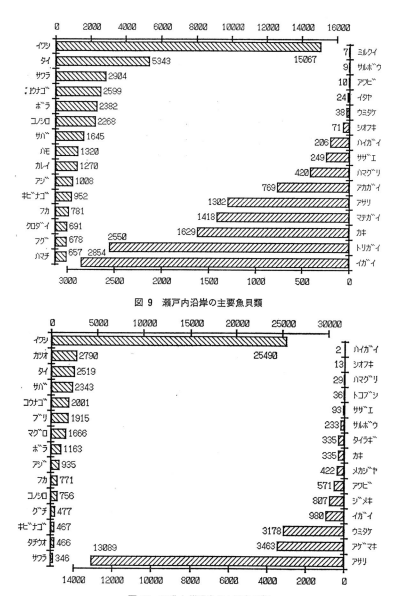

図9 瀬戸内沿岸の主要魚貝類

図10 西北九州沿岸の主要魚貝類

貝塚の魚類遺存体からみると，もっぱら沿岸性の魚類に比重がかかっていたことがうかがえ，同様の回遊魚を積極的に捕獲した東北太平洋の縄文貝塚と比較して，この地域の漁撈活動の大きな特徴となるであろう。

（6） 瀬戸内海（図9）

瀬戸内海は全体が内湾という環境から，回遊魚は少なく，タイ，サワラ，コウナゴ，ボラ，コノシロ，サバ，ハモなどが漁獲量の上位を占める。とくにハモ，サワラはこの地方の縄文時代の貝塚からもよく出土し，この地方の特徴となる魚種であろう。岡山県の貝塚からはサメ，エイ類とともに，ハモ，サワラ，スズキ，ボラ，マダイ，クロダイ，コチ，フグ類などが出土することがしられており[14]，微細遺物の採集がすすめば，コノシロ，マイワシ，サッパなどの小さな魚種も出土例が増加するであろう。この地域ではいたるところで広い範囲にわたって浅い汽水域が広がるが，それにもかかわらず貝塚の分布は岡山，広島両県に見られるだけで，密度は高くない。縄文時代のこの地域の人々がなぜ貝類の採捕や漁業にそれほど関心を示さなかったのか検討が必要であろう。

（7） 西北九州（図10）

福岡県の日本海側から佐賀，長崎，熊本県を含む地域は，有明海，大村湾を初めとして干潟が発達した内湾が多く，貝類の採取量も多い。種類もアサリのほかにアゲマキ，ウミタケ，ジメキ，メカジヤ，タイラギなどこの地方特有の貝類が上位を占めている。関東地方と同様，この地域も沿岸の面積からすると非常に狭いが，貝類の採取量は全国第2位を占める。また魚類資源も豊かである。今回の資料には出ないがクジラ，イルカも多く捕獲され，外洋性の漁業も盛んであったことがうかがえる。このような伝統はすでに縄文時代にもうかがえ，漁撈具などに独自の文化圏を発達させている。それにもかかわらず，この地域が潜在的にもっていた資源量と比較すると，縄文時代の貝塚の分布や規模はまだまだかけはなれている印象を受ける。

4 まとめ

以上，『統計資料』をもとに，近代の水産資源の地域性を概観して，縄文時代との関連を述べてきたが，本格的な関連性の検討は今後の課題である。とくに『統計資料』で高い漁獲量を示す地域でも貝塚の分布が多くない地域，『統計資料』の主要種と貝塚から出土する魚類，貝類の種が異な

表 1　国内主要魚貝類産高一覧

貝　　種	産高（単位TON）	魚　　　　　種	産高（単位TON）
アサリ	42467	イワシ	230089
キサゴ	7878	ニシン	167802
アワビ	5995	カツオ	75918
カキ	5750	サバ	22471
ハマグリ	5287	タイ	20612
イガイ	4999	マグロ	20478
トリガイ	4143	アジ	16963
バカガイ	3468	ブリ	14467
アゲマキ	3463	カレイ	12670
ウミタケ	3216	タラ	12655
シオフキ	3078	サンマ	11195
アカガイ	2721	コノシロ	9924
サザエ	2491	ボラ	8533
マテガイ	1511	フカ	7679
ハイガイ	840	スケトウ	7030
ジメキ	807	コウナゴ	6782
ホタテ	446	サワラ	4568
メカジヤ	422	キス	3644
サルボウ	382	フグ	3466
タイラギ	351	ヒラメ	3118
ホッキガイ	297	シラス	3049
イタヤガイ	176	ハゼ	2927
ヤコウガイ	130	カマス	2505
		スズキ	2231

る場合などがとくに検討が必要であろう。このような検討はまだ端緒にかかったところで，今後，漁撈技術，魚類生態学などの成果を総合して考察を深めて行きたい。そのためにまず，酒詰仲男の『日本縄文石器時代食料総説』『貝塚地名表』以降の貝塚研究の多くの発掘データを集成し，誰もが利用できるようにすることが急がれるであろう。

　筆者に与えられた課題が「動物遺存体からみた縄文時代の地域性」であるのにたいして，でき上がった小論が「近代漁業の地域性の概略」となってしまい，内容に偽り有りの感がするが，考古学にも従来のように出土遺物を詳細に分析するだけでなく，考古資料を解釈する上で有用な資料をどんどん利用し，蓄積することも無意味ではないと考え，あえてこのような題材で考察を加えた。

　この『統計資料』のコンピュータへの入力および分析は 1986 年度，筆者に配分された文部省科学研究費「考古学における動物遺存体の基礎的研究」（奨励研究Ａ）の成果の一部である。金子裕之氏（奈良国立文化財研究所）にはこの『統計資料』についての教示を頂き，清水芳裕氏（京都大学）には原本の閲覧[15]についてお世話になったことを記して両氏に対する謝辞としたい。

　註

1)　金子浩昌「貝塚と食料資源」『日本の考古学２ ― 縄文時代』河出書房，372-398，1960

2)　石井則孝ほか『シンポジウム　縄文貝塚の謎』新人物往来社，1978

3)　金子浩昌「貝塚にみる縄文人の漁撈生活」自然，80―2，38-76，1980

4)　丹羽百合子「縄文貝塚研究史序説」どるめん，24・25，49-74，1980

5)　金子浩昌・西本豊弘・永浜真理子「狩猟・漁撈対象動物の地域性」季刊考古学，創刊号，18-24，1982

6)　ここで小さなスケールでの環境，大きなスケールでの環境と呼ぶのは，アメリカの考古学者ケント・フラネリーらの定義した Microenvironment, Macroenvironment という呼称にしたがうものである。
　Coe, M. & K. Flannery "Microenvironments and Mesoamerican Prehistory". Science, Vol. 143, No. 3607, 650-653, 1967

7)　貝塚分布の濃淡を考えて全国の水域を仮に７つに区分した。もとのデータは県単位，水産区単位で入力されており，さらに細かい区分が必要なときには簡単に変更できる。

8)　Clarke, D. "Mesolithic Europe : the economic Basis" In 'Problems in Economic & Social Archaeology' eds. Sieveking, G. de G. et al. Duckworth.

9)　オダム "Fundamentals of Ecology" W. B. Saunders Comany.（邦訳は三島次郎訳『生態学の基礎』倍風館，1973）

10)　ここで水深 20m から海抜 20m までという値をとったのは，単に国土地理院 20 万分の 1 の地図で追える等高線であったからである。

11)　山内清男「貝塚はなぜ日本海沿岸に少ないか」ドルメン，3―9，22-23，1934

12)　平口哲夫（共著）「動物遺体」『真脇遺跡』能登町教育委員会・真脇遺跡調査団，346-400，1986

13)　金子浩昌「三保湾・中ノ海の石器時代漁撈―島根県崎が鼻洞穴出土の魚類骨」考古学研究，10―1，38-41，1963

14)　金子浩昌「岡山県縄文貝塚出土の魚類遺骸―瀬戸内沿岸にみる縄文石器時代の漁撈形態―」古代，49・50 合併号，144-151，1967

15)　「水産事項特別調査」は 1969 年に明治文献資料刊行会より再版されている。小論では，再版資料を用いた。

資源利用・生業

植物性食料 —— 泉　拓良

奈良大学助教授

（いずみ・たくら）

植物性食料に関する地域差は大きく東日本と西日本でわかれる
が，植物性食料によって人口やテリトリーは決定されていない

1　植物性食料と技術の概略

　植物性食料の高度な利用が，いつ，どのような
地域で始まり，完成され，その後いかなる地域色
をもって展開したかが筆者に与えられた課題であ
る。植物性食料の高度な利用は，新たな植物食加
工技術，保存・貯蔵技術，そしてそれらを統合す
るソフトから成っていたと考えられる。このよう
な，技術の革新はすべてが同時に起こったのでは
ない。

　縄文時代の食事の特徴の一つは，粒のまま食べ
る米食と異なり，まず粉にひき，練り合わせて作
る粉食であった。その粉にする道具である石皿・
磨石は旧石器時代からその出土は知られているが，
その量は極めて少なく，縄文時代に入ってからも
早期になって一般的な石器になる。植物性食料を
粉にする理由には，殻などの消化に適さない物質
を除去し，デンプンをより純粋に取り出すためだ
けでなく，アク抜き・水さらしの前処理でもあっ
たであろう。粉にした食料を食せる状態にするた
めには，加熱が必要である。世界的にはパン焼き
竈や陶板を用いた例もあるが，日本においては土
器をこれに用いたものと考えられる。縄文時代の
開始を土器の出現で定義することは，この点にお
いて正当性をもつものであり，その当初より，土
器が煮沸に用いられた証拠がある。しかし，土器
が縄文時代全般と遜色なく使用されるようになる
のは，やはり早期に至ってからのことである。

　このように遺物から直接推定できる加工技術と
結びつくものに，アク抜き・水さらしの技術があ
る。鹿児島県黒土田遺跡の貯蔵穴から出土した縄
文草創期のクヌギといわれる落葉性ドングリから
みて[1]，縄文人が当初からこれらのアクを抜いて
食する技術を持っていたことは確かである。この
アク抜き・水さらし技術はドングリ類に限らず，
クズ・ワラビ・ユリの球根・地下茎類などにも用
いられる技術である。渡辺誠氏は工程がより複雑
なトチのアク抜きについては，それよりは遅れて

前期の東北地方に起源があるとし，南方への波及
を考えている[2]。

　つぎに保存・貯蔵技術についてであるが，西田
正規氏はこの技術を中緯度温帯森林に住む人々に
とっての一般的かつ重要な戦略とみる[3]。「温帯森
林には植物性食料資源量の季節的変動がきわめて
大きい」という特徴があるからである。高崎ひろ
ゆき氏によれば，下北半島の落葉広葉樹林に住む
ニホンザルは，屋久島の照葉樹林に住むニホンザ
ルと比べて約 10 倍もの広い遊動面積を持ってい
るという[4]。落葉広葉樹林と照葉樹林の森林年間
純生産量は 2 倍程度の違いであるから，冬季の食
料難がこのような違いとして現われたものと考え
られる。このように，保存・貯蔵技術は人口の増
加をうながすものであり，定住化の基礎となる。
最古の貯蔵施設は草創期の鹿児島県黒土田遺跡の
貯蔵穴で，直径 40cm，深さ 25cm（本来はもっと大
きかったと思われる）のスリ鉢状の穴に炭化したク
ヌギなどの落葉性のドングリが詰まっていたもの
である。貯蔵穴もまた，前期にはいって日本全国
で一般化するが，後に述べるように，立地と形状
に明確な地域差が認められる。

　このように，縄文時代の植物性食料に関する基
本技術については，地域差・時間差は小さく，東
西の顕著な差も認められない。しかし，貯蔵の形
態には縄文時代の前期以降一貫して東西差が認め
られ，全体的なソフトと係わると思われる集落形
態には，東日本主導型で西日本が遅れるという傾
向が認められる。これは，技術の問題というよ
り，その対象となる植生の違いと，それに適応し
た文化の違いと理解される。

　縄文時代の植生を復元する試みは，森林帯の分
布が暖かさの指数・寒さの指数と対応関係にある
ことを前提とする。当時の気温を花粉分析や海面
変動などから推定して，各地域の指数を割りだし
て復元する。その植生図に各点的な花粉分析デー
タを加えて修正をおこなっている[5]。図 1 は安田
喜憲氏による縄文前期の植生図である。しかし，

63

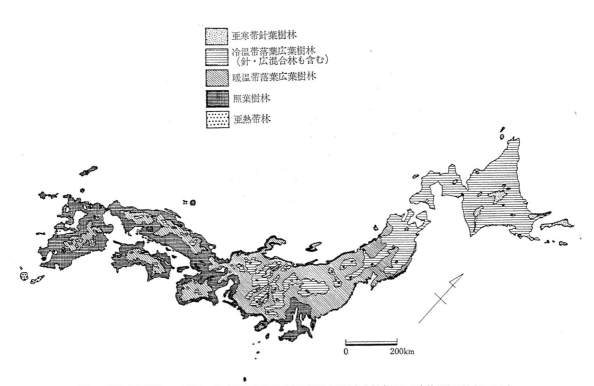

図1 縄文時代前期の日本列島の植生図と古地理（安田喜憲『環境考古学事始』日本放送出版協会による）

この図が必ずしも正確とは限らない。安田氏が述べているように，植生と各指数との間には対応関係があるものの，気候の変動のスピードに植生の変化がついていかないのである。大阪湾沿岸に6500年前ごろに到達した照葉樹林が50km離れた京都市深泥ケ池に到達するまでに1500年もかかっているのである。また，最近のデータでは，図1の植生とは異なり，埼玉県下では中期以降も照葉樹林は拡大してこなかったことが判明しており[6]，今後花粉分析だけでなく種実や材などの分析を含め，各遺跡ごとの分析をおこない，遺跡周辺の局地的な植生復元がなされなくては，正確な比較がおこなえないのが現状である。ただ，東日本が少なくとも後期までは落葉広葉樹林，西日本は前期以降照葉樹林帯に属していたことは確かであろう。以下，地域ごとに検討を加える。

2 西日本の堅果類

植物性食料に関する情報としては，住居跡出土の植物遺体，貯蔵穴出土の植物遺体，ゴミ捨て場の加工残滓，遺跡周辺の採集地での植生復元がある。西日本においては，住居跡の発見が少ないためか，住居跡から種実類が発見された報告は京都府桑飼下遺跡第9炉址周辺の約360点のドングリと第10号炉址の約50点のドングリだけであり[7]，東日本と好対照をなす。遺跡周辺の採集地の植生復元としては，筆者らがおこなった京都市北白川追分町遺跡が代表となろう。調査した地点は住居跡のある扇状地内微高地の北側の低湿地部にあたり，南東から北西に傾斜している。低湿地であったため，縄文晩期の林床がそのまま保存されており，多数の足跡の存在からみて，縄文人の利用する空間であったと推定している。種実類の定量分析，材の分析，花粉分析の結果から，以下のような植生を復元した（図2）。種実類では81種類が識別され，そのうち食用となる堅果類はカヤ，イヌガヤ，オニグルミ，ヒメグルミ，イヌブナ，イチイガシ，アカガシ？，クリ？，トチノキの9種類，漿果類はエノキ，ムクノキ，ヤマグワ，カジノキ，ヒメコウゾ，キイチゴ属など16種類があった。この内の代表的な植物の分布をみると，低地部を流れる小川をはさんで，トチノキやオニグルミ，ユズリハ，ヤナギなどの落葉広葉樹が生え，低地から微高地にかけてはカエデ，サルナシ，ヤマグワなどがあって，微高地には照葉樹のイチイガシ，アカガシなどの繁る植生が復元できた。このような遺跡周辺の具体的植生の復元は，それまでの気温や花粉分析による照葉樹林帯という平板な植生に対して，地形と係わって落葉広葉樹林と照葉樹林が同じ地域に成育していたとい

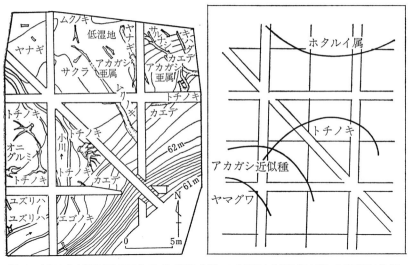

図2 京都市北白川追分町遺跡第21層（縄文晩期）の木材出土状況と種実類による群落の復原

う，縄文人にとって都合のよい植生が遺跡の周辺にあった，逆にいうとそのような土地を選んで集落を構えたことを明らかにした[8]。

このような調査は他に類例がないので，その他の情報から植生を想像しよう。北白川追分町遺跡で明らかになった植生を，代表的な堅果類で示すと，オニグルミ，トチノキ，常緑のカシ類である。このような堅果類の組み合わせが出土している遺跡は，福井県鳥浜貝塚，滋賀県滋賀里遺跡，穴太遺跡，粟津湖底遺跡，京都府石田川遺跡，桑飼下遺跡，奈良県橿原遺跡，鳥取県大路川遺跡，桂見遺跡であり，トチノキと常緑のカシ類が出土している大阪府馬場川遺跡，岡山県前池遺跡を加えると，ほぼ，近畿地方と中国地方の低地部にこのような植生が存在していた可能性が考えられる。ただし，山間部の遺跡の多い和歌山県ではシイの類が多く，先の地域でも低地部以外の遺跡周辺の植生は異なっていたと思われるし，日本海沿岸ではスギが多く成育していたというような地域差も認められている。

以上のような植生がいつ成立したか，このような堅果類の利用がいつ始まったのか。北白川追分町遺跡の花粉分析データ，粟津湖底遺跡の出土種子から中期まで遡ることは確かである。また，照葉樹林は到達していない草創期であるが，鳥浜貝塚出土のトチノキについては，食していたかについて，トチノキ食用の上限と係わって否定的な見解がある。

一方，九州地方を前期の長崎県伊木力遺跡のブ

ロックサンプリング調査で代表させると，イチイガシ，アラカシなどの常緑カシ類を基本に，シイ，クスノキ，イヌガヤ，チャンチンモドキ，モモなどが出土しており[9]，近畿・中国地方のそれと大きく異なっている。このことは，他の遺跡から出土した堅果類も同様である。

貯蔵穴では，西日本全域で地域差は認められない。形態は，円筒形からスリ鉢形まで各種あり，大きさも一定しないが，集落より低い，水の湧く，ないし水漬かりの場所に設けられている。穴太遺跡では，住居の北数mにある小川の川岸に設けられており（口絵参照），熊本県曽畑遺跡では，丘陵末端の貝塚を伴う居住地域から100m離れた，3mほど低い低地部に貯蔵穴が50基以上設けられていた[10]（口絵参照）。佐賀県坂の下遺跡，山口県岩田遺跡，鳥取県目久美遺跡，岡山県前池遺跡など前期以降の西日本全域で同じ立地の貯蔵穴が知られている。

貯蔵穴から出土する植物性食料は，堅果類が主で，貯蔵されたままの状態で発見された例では，イチイガシ，アラカシ，チャンチンモドキ，クヌギ，トチノキなどが単独で発見されている。複数発見されたものとしては，上から順にトチノキ，オニグルミ，落葉性のドングリ，イチイガシと4種類の堅果類が貯蔵されていた穴太遺跡，アラカシとトチノキが2基，アラカシとトチノキとアベマキが2基発見された大路川遺跡，ドングリとトチノキの前池遺跡などが代表的である。また，単種類にしか用いていない遺跡でも，違った種類の貯蔵穴があり，遺跡全体としては複数の堅果類が貯蔵されていたとみられる。

3 東日本の堅果類

埼玉県寿能遺跡での植生復元では，草創期以降にはコナラ亜属の優占する落葉広葉樹林の発達があり，中期に至ってコナラ亜属が減退し，クリ属，クルミ属，アカガシ亜属などの増加が認めら

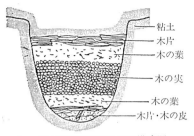
1 坂の下遺跡貯蔵穴断面模式図

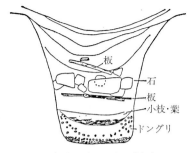
2 岩田遺跡貯蔵穴断面

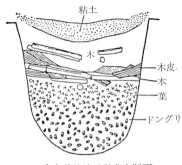
3 南方前池遺跡貯蔵穴断面

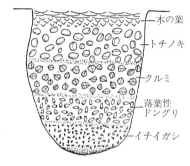
4 穴太遺跡貯蔵穴断面模式図

図3 西日本各地の貯蔵穴
(1～3は潮見1977から引用した)

れ，後期も同様な傾向を示すという。包含層から出土した堅果類をみると，中期・後期ではオニグルミ，トチノキ，クリが多数をしめ，コナラ，クヌギなどの落葉ドングリも少量出土している。東京都武蔵野公園低湿地遺跡でも後期に同じ植生が考えられている。

関東地方の2遺跡から想像できる，オニグルミ，トチノキ，クリという堅果類の組み合わせは，青森県亀ケ岡遺跡，平貝塚，秋田県柏子所貝塚，岩手県雨滝遺跡，山王遺跡，埼玉県真福寺遺跡，石神貝塚，千葉県多古田遺跡，東京都昌林寺貝塚，富山県南太閤山遺跡にあり，オニグルミ，クリという組み合わせは関東・東北地方は勿論のこと，石川県，長野県，岐阜県，愛知県までの地域の多くの遺跡から出土している。ただし，愛知県までのその他の遺跡ではトチノキも出土しており，たまたま，東京都以西では複合して出土していないものと考えてもよいであろう。また，トチノキの発見は低湿地遺跡に多く，トチノキの分布の問題か，もしくは炭化した状態での同定技術の問題なのか今後の検討の余地を残している。北海道では，オニグルミ，ミズナラの発見例はあるもの，クリ，トチノキは発見されていない。

貯蔵穴も近畿地方以西と大きく異なっている。形態は，前期にフラスコ状ピット，中期には袋状ピット，円筒形ピットが出現している。貯蔵穴は集落外に独立して設けられるもの，集落内の一定の場所に集中して設けられるもの，住居に付属した形で造られているものの3種類があり，西日本と異なって台地上に位置している。

貯蔵穴から出土した堅果類は，クルミ，クリ，トチノキが大多数を占め，ドングリも出土している。富山県古沢遺跡，愛知県大地遺跡などで常緑のドングリが出土しており，西日本との境界域になると考えられる。東日本での貯蔵穴からの堅果類は，ほとんどが炭化した状態での出土である。炭化していたために残ったのか，土中で炭化したと考えるのか，現在ではそのメカニズムが明らかにされていない。そのため，出土した資料が，貯蔵されていたものなのか，たまたま流れ込んだ・投棄されたものなのかを判断できない。ただし，秋田県梨ノ本塚遺跡では，壁が焼けたフラスコ状ピットの中から多量の焼けたクリが出土しており，ピットが焼ける時点にはクリが中にあったことがわかった。

東日本では竪穴住居跡から炭化した種実類が発見されることが多い。潮見浩氏の集成によれば，東日本27住居跡から出土しているとのことであり[12]，その後も多くの発見がある。住居跡からまとまって出土した例は，新潟県鍋屋町遺跡，栃倉遺跡，長野県藤内（とうない）遺跡などで，クリが圧倒的多数であり，炉の上の火棚で乾燥させていた様子を想像させる資料もある。市河三次氏と筆者らで調査した山梨県野添遺跡では，検出した3棟の中期の竪穴住居跡覆土のすべてから堅果類を検出した。その量は，発掘時に肉眼で検出したもので，クリ263点，クルミ472点，ドングリ・果実類50点である（ほとんど破片）。また，定量採取資料をフル

イ別けした約 1,000 l の資料には平均 1l あたり 1.7ml の炭化物が含まれており，平均的な竪穴住居跡1棟の覆土あたり50l ぐらいの炭化物が含まれているという計算になる[13]。これが一般的であるとすると，ローム土壌の地域では，住居跡から必ずクリやクルミなどの堅果類の炭化物を得ることができる。今後の調査方法の問題となろう。

4 小　結

堅果類以外では，植物質加工食品としてパン状とかクッキー状炭化物と呼ばれている多孔質の炭化物が，長野県，岐阜県，福島県，新潟県，岩手県で発見されており，エゴマとシソがそのなかから発見されている。また，栽培植物といわれているヒョウタンは，九州から千葉県までにその出土が知られており，マメ類も鳥取県桂見遺跡でのリョクトウ類似のマメが200粒余出土した以外に，九州から長野県まで出土している。北方起源のものとしてはソバがある。後・晩期には，東北地方・北海道においてはソバの栽培があったという[14]。

以上の植物性食料に関する地域差をまとめる。利用植物としては，大きくは東日本と西日本とで分かれ，さらに，①北海道，②東北・関東・中部地方，③近畿・中国地方（四国？），④九州地方という4地域が想定できる。①はソバとクルミ，②はクリ，クルミ，トチノキ，エゴマ，③は常緑のカシ，トチノキ，クルミ，マメ類，ヒョウタン，④は常緑のカシ，マメ類，ヒョウタンをそれぞれ特徴としている。

このような違いが生産力とどのように係わるかについては，データはない。ただし，東日本の主要堅果類であるクリは最も成育の悪いクリ園でも10アールあたりの収量は150kgであるといい[15]，西日本の主要堅果類では，アラカシが30kg，シカラシ，マテバシイで19kgということであり[16]，その生産量に5倍以上のひらきがある。しかし，かなり生産量の多いと思われるトチノキは両地域にあり，その他のものを考えるとさほどの差にはならず，ましてや，遺跡数の上での，30対1という東西差にはなりえないものと思われる。また，6家族の年間に必要なカロリーの半分をクリでまかなうとしても200m四方のクリ園，アラカシでは500m四方の林があれば足りるのであり，集落の行動範囲を考えた時，関東地方での主要遺跡間の距離1〜2km，近畿地方の約5kmは十分に植物性食料を供給しうるものである。したがって，縄文時代の人口やテリトリーが植物性食料によって決定されていないことは確かである。筆者は植物性食料が集落の立地を規制し，近畿地方では多種類のナッツにたよる小数安定型の集落で，扇状地に立地し，東日本とくに中部・関東地方では，クリを主にした，分業集中型の集落で，台地上に立地すると考えた[17]。

本文を執筆するにあたり，秋田県教育委員会の富樫泰時氏，秋田県埋蔵文化財センターの岩見誠夫氏のご助言を賜りました。記して感謝します。

註

1) 河口貞徳「縄文草創期の貯蔵穴」季刊考古学，1，1982
2) 渡辺　誠「トチの実食用化の上限について」『角田文衞博士古稀記念古代学叢論』1983
3) 西田正規「縄文時代の環境」『岩波講座日本考古学』2，1985
4) Takasaki Hiroyuki, "ON THE DECIDUOUS-EVERGREEN ZONAL GAP IN THE CAPITA RANGE AREA OF THE JAPANESE MACAQUE TROOP FROM NORTH TO SOUTH", Physio. Ecol. 18：1-5，1981
5) 安田喜憲『環境考古学事始』NHKブックス，1980
6) 千野裕道「縄文時代のクリと集落周辺植生」東京都埋蔵文化財センター研究論集Ⅱ，1983
7) 渡辺　誠編『桑飼下遺跡発掘調査報告書』平安博物館，1975
8) 亀井節夫編『京都大学埋蔵文化財調査報告』Ⅲ，京都大学埋蔵文化財研究センター，1985
9) 同志社大学考古学研究室編『伊木力遺跡第2次発掘調査概報』多良見町教育委員会，1986
10) 江本　直「曾畑貝塚周辺低湿地の調査」考古学ジャーナル，279，1987
11) 埼玉県教育委員会『寿能泥炭層遺跡発掘調査報告書』自然遺物編，人工遺物・総括編，1982，1984
12) 潮見　浩「縄文時代の食用植物」『考古学論集』松崎寿和先生退官記念事業会，1977
13) 市河三次・泉　拓良ほか『火山灰土壌における植物遺体調査法の開発と，植物利用と集落立地にみる縄文文化の東西差』奈良大学，1987
14) 小林達雄編『縄文文化の研究』2，1983によった
15) 西田正規『縄文時代の人間—植物関係』国立民族学博物館研究報告，6—2，1981
16) 小山修三『縄文時代』中公新書，1984
17) 泉　拓良「近畿地方の事例研究」『講座考古地理学』4，学生社，1985
　以上の文献以外に渡辺誠氏の『縄文時代の植物食』雄山閣，1975をいろいろなかたちで使用した。また，報告書関係は省略したので了承されたい。

資源利用・生業

骨角製漁具
——とくにネバサミについて——

国立歴史民俗博物館助教授
■ 西本豊弘
（にしもと・とよひろ）

鏃の一部分であるネバサミをとりあげて，主に縄文晩期の東北，関東，東海地方を対象として骨角器の示す地域性の意味を考える

　縄文文化は，一般に停滞的な文化であると言われているが，その内容をみてみると，地域ごとにまた時期ごとにさまざまなバラエティーを示している。骨角器も例外ではなく，地域性・時期性がかなり顕著にみられる。縄文時代の骨角牙製品や貝製品については，最近，金子浩昌と忍沢成視両氏によって集成され，『骨角器の研究　縄文編 I・II』として出版された。そこでは，これまでに公表された骨角器のうち90％以上を集成していると思われ，骨角器に関するデータ集として便利なものである。また，細分された器種ごとに地域性も述べられており，骨角器の出土状況の時期的・地域的特徴をある程度まで簡単に把握することができる。

　さて，本論においては，骨角器を資料として，縄文文化の地域性を考えてみようと試みるが，骨角器全体や日本全国を対象とする訳にはいかない。そこで，骨角器の中で「ネバサミ」をとりあげ，主に縄文時代晩期の東北・関東・東海地方を対象として骨角器の示す地域性の意味を考えてみることとする。

　なお，ここで「ネバサミ」と称したものは，図1に示したもので，矢筈形角製品と呼ばれたことがある。金子・忍沢両氏は鏃として認識し鏃III類と分類し，さらにa〜c類に分けている。確かに，矢の先端に用いられて鏃の一部分としての機能を持っていたと考えられるが，石鏃を装着する中柄としての機能が本来の機能であったのではないかと筆者は考えている。そのため，ここでは「ネバサミ」という名称を用い，独立した器種として扱いたいと思う。

1　ネバサミの出土状況

　ネバサミが縄文時代晩期に多く，しかも東海地方と東北地方に多く，その中間の関東地方で少ないことはよく知られている。この点について金子・忍沢両氏の所見をまとめると以下のようになる。

1. 関東地方ではIII-a型の出土例は7遺跡7点と少ない。
2. 後期に属するものが多く，東北・東海系のものと同系統とは考え難い。
3. 小山台貝塚出土例ではスリットの脇に段がみられ，東海・東北系のIII-a型と別系統の可能性がある。
4. なすな原遺跡の例はIII-a型であり，関東地方にIII-a型が分布した可能性を示す。

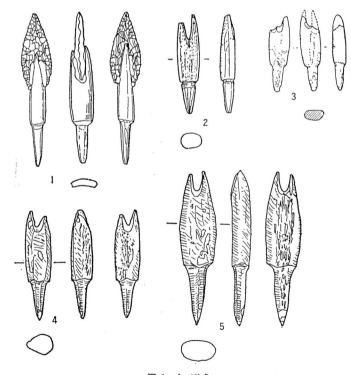

図1　ネバサミ
1・2 中沢目貝塚，3 西広貝塚，4・5 伊川津遺跡（縮尺不同）

1 保美貝塚　2 伊川津貝塚　3 吉胡貝塚　4 稲荷山遺跡　5 なすな原遺跡　6 西広貝塚　7 寺脇貝塚　8 里浜貝塚　9 中沢目貝塚　10 貝鳥貝塚　11 沼津貝塚　12 田柄貝塚

図 2　ネバサミ出土の主要遺跡

この見解は，細部は別として，ネバサミの分布の状態をほぼ正確に表現したものと言える。そこで本論では，金子・忍沢両氏の集成をもとに，ごく大ざっぱに各地方ごとのネバサミの出土量を表1に示した。その場合，金子・忍沢両氏の集成ではネバサミを a〜c 類に分けているが，ここでは一括して示した。なぜならば，金子・忍沢両氏のa・b類の差は大きさで区分したものであり，原則的には同じ機能・用途であり，同一の器種と考えるべきものであるからである。また，小型のものは大型の破損品をさらに再加工したものの可能性があり，その点も a〜c 類を一括して考える理由である。この考えは，伊川津貝塚において，同一時期に大・小さまざまな大きさのネバサミが多量に出土していることを根拠としたものである。

さて，表1によってネバサミの分布をみると，現在のところ，北海道と中国・四国・九州・南西諸島では出土していない。東海地方が最も多く，とくに伊川津・吉胡の両遺跡で多い。関東地方はほとんど出土しておらず，東北地方の方が多い。このように東海地方と東北地方の両方にはさまれた関東地方でなぜ少量しか出土していないのかが問題である。

表 1　地域別の骨角器総数とネバサミ出土数

地　域	骨角器数	ネバサミ
北　海　道	670	0
東　北　北　部	299	1
東　北　中　央　部	5,064	88
東　北　南　部	856	29
関　東　地　方	4,507	12
東　海　地　方	1,789	289
中　部〜九　州	990	45
南　西　諸　島	1,067	0
計	15,242	464

なお，ネバサミの出土時期は西広貝塚の堀之内式期に伴うものがあることから，後期前半までたどれるが，その大部分は後期末から晩期にかけての出土である。

2　ネバサミの使用方法

ここで，ネバサミの分布に関する議論を進める前に，ネバサミの機能・用途について説明しておきたい。このタイプの骨角器は矢筈形骨器と呼ばれたことはすでに述べたが，矢筈として利用されたならば，矢の基部に利用されたことになる。しかし，先端の溝にタールが附着しているものがあることから，その溝に石鏃などをはさんで，矢の先に用いられたものと考えられるようになった。そして，最近中沢目貝塚から出土した資料では石鏃が着装された状態で発見されており，石鏃を着装して矢の先に利用されたことが明らかとなった。そこでこれらの資料をネバサミと通称しているのである。その場合，ネバサミの先端に着装される鏃はネバサミの溝の形態からみて無茎ないしは凹形の基部を持っていることになる。

さて，一般に矢の先端部は，鏃が直接矢柄に着装されるものと考えられているかもしれない。確かにそのようなタイプの矢が多かったであろうと思われる。有茎の石鏃の場合はおそらく矢柄に直接着装されることがほとんどであったであろうし，無茎のものでもそうであったであろう。たとえば寿能遺跡では無茎の石鏃がタケ科植物でできた矢柄に直接着装された資料が出土している。しかし，鏃と矢柄の中間に中柄が用いられる矢が存在することも民

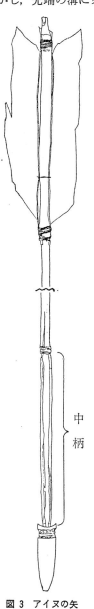

図 3　アイヌの矢
（萱野茂1978による）

中柄

族例で知られている。身近かな例としてはアイヌ
の矢がその例である。アイヌの例では鏃としてネ
マガリダケを使用し、マカニツと呼ぶ中柄を使用
する。このマカニツは普通は骨で作られる。この
マカニツを使用する矢は、近代のアイヌのみでな
く近世アイヌでも知られており、おそらく中世ま
でたどり得るであろう。アイヌの場合、中柄を用
いる理由は矢の先を重くして、矢全体の重心を調
節するためと言われている。いずれにせよ、鏃と
矢柄の中間に中柄が用いられている例がよく知ら
れているのである。ただし、アイヌの中柄にはネ
バサミにみられる溝がなく、鏃のくぼみに中柄の
先端をあて、固縛している。

さて、ネバサミの話にもどると、アイヌの中柄
の例から考えて、ネバサミが鏃として分類される
よりも中柄としての機能を重視すべきであると言
える。とくに大型のネバサミについては、中柄と
考えた方が自然である。また、小型のネバサミを
よくみると破損品を再加工したと思われるものが
多く、小型のネバサミはこれ以上再加工できない
状態で破損したために捨てられたものが多いと思
われる。したがってネバサミの小型と大型を一括
して考えることにしたのである。

3 ネバサミの地域性の意味

まず、ネバサミの必要性について考えてみよ
う。縄文時代の出土例からみるとネバサミは縄文
時代後期の前半から出現し、晩期に多く用いられ
たことになる。縄文時代中期までは骨角製のネバ
サミは用いられることがなく、おそらく、石鏃が
直接矢柄に着装されていたのであろう。それが
縄文時代後期になり中柄を用いる矢が使用され、
晩期には東海地方と東北地方で中柄つきの矢が盛
んに用いられたことになる。この変化を機能の面
から考えれば、矢の先端が重い矢が用いられたこ
とを意味し、矢の威力が増したことが考えられ
る。その場合、弓矢狩猟の効率を良くするため
か、また、弓矢の対象が変化したのかどうかは明
らかではない。なお、矢が変化すれば弓も変化し
た可能性があるが、矢の先端がネバサミで少し重
くなった程度では、弓はほとんど変化していない
のではと想像している。

さて、ネバサミの地域性の問題であるが、多く
出土している東北地方と東海地方を比べてみるこ
とにする。表2は、石鏃の出土内容との関連を示

表 2 田柄・中沢目・伊川津各遺跡のネバサミと石鏃出土量

遺跡名	ネバサミ	無茎石鏃	有茎石鏃	備　考
田柄貝塚	41	187	223	後・晩期
中沢目貝塚	6	10	21	晩期
伊川津貝塚	105	151	1	晩期 1984年分のみ

したものである。東海地方の伊川津貝塚では無茎
の石鏃が大部分であるのに対して、東北地方の田
柄貝塚や中沢目貝塚では有茎の石鏃も多い。すな
わち、表2からみれば、東海地方では晩期になれ
ば、矢の大部分が中柄を用いるタイプになってい
た可能性があるが、東北地方では中柄を用いるも
のと用いないものの両方のタイプが同じ程度に用
いられていた可能性があるという差違を読みとる
ことができる。

一方、ネバサミの出土の少ない関東地方では、
後・晩期の石鏃は無茎と有茎のどちらのタイプも
みられ、その割合は東北地方に近いと言える。関
東地方では晩期の貝塚はそれ以前よりも少なくな
るが、他の骨角器の出土量と比べて、ネバサミの
出土量が東北・東海地方と少ないことは事実であ
る。

以上に述べた、東北・関東・東海地方のネバサ
ミに関連した特徴をどのように解釈すべきであろ
うか。さまざまな解釈が可能であろうが、伊川津
貝塚の例を中心に筆者の考えを述べてみよう。伊
川津貝塚の骨角器組成を表3に示したが、シカの
中手・中足骨製の刺突具が多いこと、豊富な魚類
に対して釣針が1点しか出土していないことが特
徴である。さらにこの遺跡の骨角製品では、たと
えば錐がすべてイノシシの下顎犬歯製であるよう
に、ある器種は特定の材料から作るという限定性
が顕著なことが特徴である。また、石器では、剝
片利用の石器は石鏃のみで、スクレーパーや錐は
みられないことである。

このように、伊川津遺跡では生活道具の斉一性
がかなり強いように思われ、関東や東北地方の晩
期社会とは若干異質な社会であったと推測され
る。この異質性がネバサミの多用にも表われてい
ると思われる。その異質性がなぜ生じたのかは明
らかではないが、道具の斉一性と器種の単純化か
ら考えて、近畿地方との文化的交流や金属器をも
つ農耕文化の影響がこの地域にさまざまに及んで
いたために生じたのではなかろうか。とくに狩猟
・漁撈活動で必須の道具であるナイフやスクレー

表 3　伊川津貝塚出土の骨角器・石器出土量

骨　角　器	出土量	石　　器	出土量
ネ　バ　サ　ミ	105	石　　　　鏃	151
骨　　　　鏃	8	石　　　　斧	32
ユ　ハ　ズ	8	石　　　　錘	26
栓　　　？	1	磨　　　石	79
つ　り　針	1	石　棒　？	1
刺　突　具	317	石　剣　？	1
骨　　　針	37	玉	1
へ　　　ラ	13		
牙　　　錐	8		
装　身　具	9		

注：1984 年調査分のみ。報告書印刷中

パーに相当する道具がまったくないことが問題であり，金属器に置きかわっていた可能性が考えられる。しかし，これまでの考古学の知見から言えば，東海地方で縄文時代晩期前半に金属器が使用されていた証拠はまったくなく，筆者の推測は常識はずれと言わざるを得ない。それにもかかわらず，伊川津貝塚の石器と骨角器組成からみて，伊川津貝塚に金属器（おそらく鉄器）がナイフなどの利器として使用されていた可能性を捨てきれないのである。

さて，ネバサミの分布についての話にもどすと関東地方にネバサミが少ないことについては，筆者はまったく解釈が浮ばない。東北地方のネバサミの出土の問題は，ネバサミ使用の矢とそうでないものが同程度に併用されていたことから，東海地方にみられたほど矢の均一性が社会的に要求された訳ではないことを示している。すなわち，東北地方では，従来の矢と後期以降に発達した中柄を用いる矢がその目的に応じて使い分けられており，従来の狩猟活動に大きな変化はなかったものと考えられる。そして，おそらく，東海地方で考えたような金属器の使用は縄文時代晩期前半にはこの地方に知られていなかったと思われる。

4　おわりに

ネバサミという器種を中心に，骨角器にみられる地域性の意味を考えてきた。その中で，東海地方にネバサミの多いことの背景として，鉄器使用の可能性や農耕社会との接触による社会的異質性が考えられることを指摘した。しかし，ネバサミの地域性の解釈については，筆者の想像の域を出ず，解釈と言えない程度の考察しか加えることができなかった。その理由のひとつは，骨角器のも

つ本来的な制約，すなわち，保存されにくいという性質に起因している。つまり，貝塚や洞穴遺跡などの骨角の保存されやすい遺跡でしか骨角器が残っていないからである。したがって，骨角器の出土状況が，そのまま本来の骨角製品の使用状況を反映しているとは考えられないのである。

次に，骨角器の地域性を考える時に気づいたことは，骨角器は木よりも硬く石よりもやわらかく，そのどちらで作るよりも効率の良いものを骨角で作ったと考えられることである。たとえばネバサミは矢の一部品であり，矢は石鏃と角製のネバサミと木製の矢柄とおそらく矢羽で作られたであろう。したがって，骨角器は，他の石器や木器との関連で考えなければならないことである。

さらに，骨角器のみの地域性について考えても，遺跡の地理的条件をかなり敏感に反映するものとそうでないものがあると思われる。たとえばシカの中手・中足骨製のヘラは，三陸海岸の貝塚で多く，ムラサキインコなどの岩礁性貝類の採取に使用したものと思われる。それに対して，ネバサミは，遺跡をとりまく小環境には関係なく，東海から東北地方まで広く用いられた。また，釣針では，釣針という器種は広く用いられたが，遺跡ごとにその対象魚ごとにさまざまな釣針が用いられたものと思われる。このように，骨角器はその器種ごとに分布のもつ意味が異なっているということができる。1 遺跡ごとに変化を示すもの，小地域ごとに変化を示すもの，大きな地域ごとに変化を示すものなどがあるのではなかろうか。このような骨角器のもつ属性を十分考えた上で骨角器の示す地域性を考えなければならないという思いを痛感している次第である。

主要引用文献

1)　金子浩昌・忍沢成視『骨角器の研究　縄文編Ⅰ・Ⅱ』慶友社，1986
2)　須藤　隆ほか『中沢目貝塚』東北大学文学部考古学研究会，1984
3)　宮城県教育委員会『田柄貝塚』宮城県教育委員会，1986
4)　金子浩昌ほか『西広貝塚』上総国分寺台遺跡調査団，1977
5)　萱野　茂『アイヌの民具』すずさわ書店，1978
　　なお，伊川津貝塚1984年調査の報告書は印刷中。

長崎県佐賀貝塚の骨角器

■ 正 林　護
長崎県教育委員会

　主題の貝塚は，長崎県上県郡峰町大字佐賀486ほかにある。貝塚の位置は，対馬の北半部（通称下島）の東岸とした方がわかりやすいかもしれない。本貝塚は昭和28年に発見され，翌29年増田精一氏らによる小発掘によって縄文中期の貝塚であるとされていた[1]。
　筆者らがこの貝塚について緊急発掘調査に携ったのは昭和60（1985）年であり，増田氏らの調査地点に接して，縄文時代後期中葉の建物跡・墓地・貝塚のあることが判明した[2]。この調査によって，多くの遺物が出土し，数々の重要な知見を得ることができたが，骨角器を中心として，貝塚の全体像を与えられた紙数で描くことにしよう。

1　建物跡

　大小4棟の建物跡を検出したが，1棟（2号）は竪穴をもつもので住居跡と考えられ，中央部に立石と焼土を見た。他の3棟は平地式であるが，4号は最も大型で石斧とその未成品および砥石が集中的に出土し，工房跡と考えられる。各柱穴は不安定な砂地のため，周辺と底面を平石で固定した工法が見られるなど，生活関連遺構のきわめて乏しい対馬の遺跡の中で注目すべき遺構である。

2　量産された石斧

　本貝塚では総数316本の石斧が検出されたが，この数

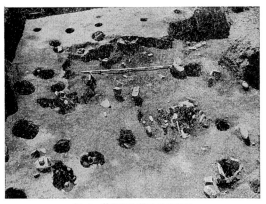

図2　佐賀貝塚第2号住居跡

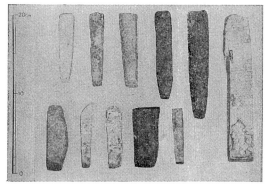

図3　佐賀貝塚出土片刃磨製石器（石ノミ）

は発掘地点における縄文後期遺跡の面積1m²あたり1本の割合で出土したことを意味しており，その57.8％を未成品が占めていた。これらの石斧は3点の蛇文岩（長崎県本土部西彼杵郡産）製を除いて，対馬産の頁岩製であり，地場産業ともいうべき石斧製産が行なわれたことを示していよう。対馬の頁岩は後世，弥生時代の磨製石剣の材にしばしば用いられ，研磨すると美麗なシマ模様が現われる石材であり，伝統的に石器の材料として利用されたことが知られる。
　一方，石ノミとも称すべき各種の片刃石器が26本検出されており，これらも同種の石材が用いられている。

3　搬入された黒曜石

　本貝塚では黒曜石製品と剥片が総数3,741点出土した。この数は縄文後期遺跡の場合特筆すべきものではないが，ごく一部を除けば佐賀県伊万里市腰岳産の石材が占めている。8cmにおよぶ大型の縦長剥片・巨大な剥

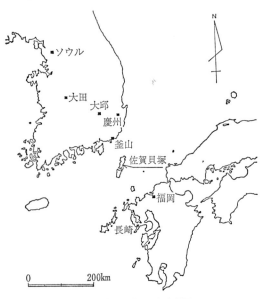

図1　長崎県佐賀貝塚位置図

片鏃（石鏃）・石鋸などがあり，西北九州や一部，朝鮮半島南岸にも共通する資料を含んでいる。対馬島には黒曜石産地はなく，南隣の壱岐島（長崎県壱岐郡）には数個地の産地があるが，本貝塚を含めて対馬で出土する黒曜石のほとんどが佐賀県伊万里市の腰岳産である。このことは，距離的には2倍に近い九州本土の原石が対馬に搬入されたことを意味しているが，壱岐島の黒曜石に比して，良質かつ大型の原石が伊万里産に多いことのほかに，伊万里産石材が美麗であることが考えられないであろうか。

4 骨角器の量とバラエティ

本貝塚では多量の骨角貝製品および自然遺物が出土しており瞠目に値する。離頭銛・ヤスなどの獣骨製刺突具216点，複合および単式釣針26点，装身具22点，骨・貝製飾20点，貝輪133点などである。

刺突具 ①離頭銛形，②結合形式，③鐖状のカカリをもつ形などがあり，目下形式分類中であるが，漁撈対象が多岐にわたっていたことを示している。

釣針 渡辺誠氏のいう極大型・大型・中型のものがあり，巨大な猪の下顎犬歯製が多く，ほぼ左右同数使用されている。単式・結合式ともに犬歯の歯冠部に鐖を作り出したものが多く，空洞の少ない歯冠部を利用している。結合部状況の完存する資料が多く，その状況が上老大島貝塚[3]や五島列島宮下貝塚[4]など，対馬海流流域諸遺跡の資料に類似している点で注意をひく。

貝・骨製飾 多種類あり，鹿・猪・サメ・ホシキヌタなどの材料が用いられているが，注目されるのは，キバノロ犬歯製の垂飾である。筆者の知見内では，時期的には異なるが馬山外洞城貝塚に同材の資料がある程度である。キバノロ自体わが国に棲息しない動物であり，朝鮮半島から伝来した垂飾であろう。

貝製品 中で注目されたのは，130点に及ぶ貝釧で10種の内2種（ユキノカサ・サルアワビ）の貝である。山本愛三氏[5]によれば日本海北部・東北・サハリンなど寒い海域に棲息するものである。一方8cmに及ぶ大型貝製飾に用いられたホシキヌタは九州島の海域では認められない規模のもので，南島海域からの搬入品である可能性が強い。

骨角製狩猟具の中で注目されるのは，鹿角を用いた鹿笛である。楕円形盤状部と円筒形吹口が一体構造をなすもので，円筒部の吹口孔が盤状部に通じ，円筒部の下際に息抜きの小孔がある。宮崎県下で大正期まで使用された山間狩猟具には，盤状部に皮が張られた資料があり[6]，指を「ハ」字形にして保持し，皮を十分に湿しておき，保持した指で伸縮させながら雌鹿の擬声を発するとい

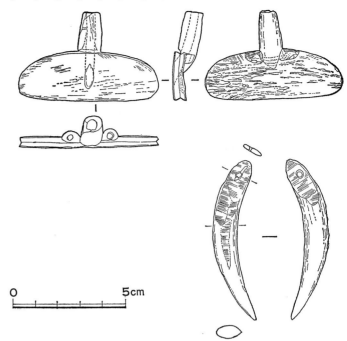

図4 佐賀貝塚出土鹿角製鹿笛，キバノロ犬歯製垂飾実測図

う。現地では「鹿笛」・「鹿よび」と称し，擬声によって近づいた鹿を狩るという。考古資料としては佐賀貝塚のほかに熊本県小川貝塚（7世紀前半）の1例があるが，損傷した骨角製品の中には類似資料のあることが十分予測され，教示を期待する次第であるが，縄文時代における「鹿よび狩猟」の存在を示すものとして注目したい。

以上，与えられた紙数で骨角器を中心とした佐賀貝塚の概況を描いたつもりであるが，意に満ちたものでない。しかしながら，縄文後期における対馬島人の狩猟・漁撈生活の実態と，キバノロ犬歯製垂飾や北海産貝種製貝釧，巨大なタカラ貝製貝飾，蛇文岩製の石斧，伊万里産黒曜石製品，ないしこれらの原材料にみる対馬縄文人の海上活動の素描を試みたつもりであり，行間を読みとっていただければ幸甚である。

参考文献・註

1) 新対馬島誌編纂委員会『新対馬島誌』1964，永留久恵『対馬の古跡』1965
2) 正林 護ほか『佐賀貝塚（略報）』峰町教育委員会，1986
3) 崔夢龍ほか『馬山外洞城山貝塚発掘調査報告』文化公報部文化財管理局，1976
4) 賀川光夫『宮下遺跡調査報告』長崎県教育委員会，図録篇，1968，同解説篇，1971
5) 山本愛三「長崎県・佐賀貝塚の貝類より見た考察」『佐賀貝塚（略報）』1986
6) 宮崎県総合博物館『日向山村のくらしと照葉樹林文化』1987

イデオロギー

呪　物 ─────────────────────────

北上市教育委員会
■ 稲野裕介
（いなの・ゆうすけ）

東日本の縄文晩期の呪物は前半期には亀ヶ岡文化圏から圏外へ
影響を与えるが，後半期には圏外からの影響が強くなってくる

　東日本の縄文時代には，生産活動と直接かかわ
りをもたない遺物の存在が知られており，その分
布から地域性を示すと考えられるものも少なくな
い。
　例えば村越潔は東北地方の前期中葉（円筒下層
b式）〜中期初頭（円筒上層a式）の岩偶と土偶に
ついて次のように指摘している[1]。この時期の岩
偶の分布は北海道渡島半島から青森県津軽地方と
秋田県米代川流域の日本海側だけに限られる。ま
たこの地域では土偶の出土はみられず，岩偶と土
偶は分布圏を異にする。
　また小島俊彰は三角壔形土製品の集成を行な
い，中期後葉〜後期初頭に位置づけられるものが
多いことを指摘している[2]。本製品は北海道を除
く東日本に分布するが，新潟県・富山県・石川県
といった北陸地方に多く分布する。また，栃木
県・群馬県では1例も知られておらず，茨城県で
1例，埼玉県で2例と北関東の分布が希薄である。
　一方，江坂輝彌は青竜刀形石製品の集成を行な
い，本製品を中期初頭から後期末まで作られたも
のと位置づけ，分布は北海道渡島半島から秋田，
岩手県北部にまで及ぶが，これは円筒式土器の分
布圏と概ね一致することを指摘している[3]。
　このほか，後期までに出現するものに土偶，三
角形土（岩）版，有孔球状土製品，石棒，石冠，ス
タンプ形土製品，玦状耳飾り，土製耳飾り，垂飾
類などが知られている。
　しかし，このような遺物は晩期になって，とく
に東日本においてその種類が増える。東北地方の
縄文時代晩期は亀ヶ岡文化と呼ばれ，豊富な出土
遺物の存在が知られている。これらの中には容器
としての土器や木器，日常生活を維持する道具と
しての石器や骨角器のほかに，種々の遺物の存在
が知られており，装身具と考えられるものを除け
ばいずれも用途の推定しがたいものである。この
うち泥炭層遺跡や貝塚など，限られた条件のもと
でしか残らない有機質のものを除けば，およそ次
のようなものの存在が知られている。

　土偶，岩偶，岩版・土版，土面，亀形土製品，
耳飾り，内面渦状土（石）製品，石棒・石剣・石
刀，独鈷石，石冠・土冠，石（土）製玉類など。
　本稿はこれらの装身具を含む諸遺物を呪物と総
称し，近年進められているこれらの分布に関する
研究成果を紹介し，さらにこれらの呪物からみた
亀ヶ岡文化を中心とした東日本縄文時代晩期の地
域性について考えるものである。

1　晩期の呪物

　呪物の研究は古くから用途論が盛んであった
が，近年型式分類の行なわれるものが増えてお
り，時間的・空間的な位置づけが明らかにされて
きている。その結果，これまで注目されることの
少なかった呪物の分布にも，興味深い偏りが指摘
されている。これらの研究のうち，亀ヶ岡文化圏
と他地域の交流に注目しながら主なものについて
次に紹介して行く。

（1）　分布が亀ヶ岡文化圏内で完結するもの
　岩偶　ほとんどが岩手県北部から青森県東部に
かけて流れる馬淵川の流域およびその周辺に分布
し，同流域に発生を求めることが可能である。青
森県西部では若干例が出土している。また秋田県
では異形態のものが出土している。その他の地域
での出土例は知られていない。また分布の周辺域
で岩偶と同様の形態をとる土偶が出土することが
ある[4]。
　内面渦状土（石）製品　イモ貝と同様の形態を
とるもので，土製品と石製品とがあり，さらに内
面の渦巻は右巻のものと左巻のものとの二種類が
ある。馬淵川流域以北と北海道渡島半島に限って
分布するが，馬淵川流域ではすべて土製であり，
分布の周辺地域で石製となる。また右巻きのもの
は馬淵川流域に限って分布が認められ，その他の
地域では左右が混在する[5]。
　土偶　後半期の大洞A〜A′式の土偶について
会田容弘は結髪形・刺突文・終末期の三つに分け，
大洞A式前後に三つの分布圏を設定している[6]。

74

すなわち，ア．結髪形土偶と刺突文土偶の両者が面的分布を示す青森県を中心とした地域，イ．結髪形土偶だけが面的分布を示す地域，ウ．土偶が面的分布を示さない地域，である。そして須藤隆が示した大洞 A′ 式の分布圏と比較し，アは須藤の東北地方北部，イは同中部と対応するものであると指摘している。

また筆者は晩期後半期の土偶が北海道渡島半島ではほとんどが中実となるのに対し，岩手県から宮城県にかけて流れる北上川の中流域では半数以上が中空となることに注目し，亀ヶ岡文化後半期には土偶の半数以上が中空になる地域と，ほとんどが中実となる地域とがあることを指摘した。後者は渡島半島を中心として，青森県津軽半島の一部にまで広がっている可能性がある[7]。

（2） 分布が亀ヶ岡文化圏と他地域にみられるもの

岩版・土版　天羽利夫によって文様を基準に6類に分類され，次の点が明らかにされた[8]。

1. 岩版・土版は晩期初頭に馬淵川流域で発生し，分布をしだいに関東地方まで拡大させた。

2. 一方，北海道では1点も出土しておらず，分布の圏外と考えられる。

3. 発生時にはすべて石製であったものが，次第に土製と交替する。

また稲野彰子は岩版・土版にみられる懸垂孔に注目し，懸垂孔は逆に関東地方で発生し，しだいに東北地方へ波及したものであることを指摘した。さらにこの過程で福島県会津地方が亀ヶ岡文化圏と他の地域との交流において重要な役割を果たしていた地域であったことを指摘している[9]。

遮光器土偶　前半期のいわゆる遮光器土偶は亀ヶ岡文化を代表する遺物であり，また圏外からの出土が古くから亀ヶ岡文化の他地域への波及を示すものとして取り扱われているが，地域性に関する研究が充分に行なわれているとはいえない。遮光器土偶は東北地方全域で出土するが，その他の地域でもこれを模したものが出土することがある。その範囲は北は北海道，西は近畿地方にまで及んでいる。

石棒・石剣・石刀　後藤信祐は後晩期のものを身の断面形態を基準に小型石棒・石刀・石剣に区分し，それぞれ分布に差異のあることを指摘している。とくに石刀のうち刃部と反対の側縁が曲面で結ばれるものは信濃川〜豊川ライン以西の中部

地方から近畿地方に濃密に分布するのに対し，刃部と反対の側縁を二平面が挾むものは東北地方から北海道地方にかけて分布する。

さらに後藤は頭部や全体の形態，文様などの要素によって詳細な分類を行ない，興味深い分布図を示している。例えば，いわゆる無頭石棒（刀）のうち，一端に綾杉文などの彫刻を施すものは奈良県橿原遺跡など近畿地方を中心に分布するのに対し，数条の沈刻などで一端を区画するだけのものは，秋田県柏子所（かしこどころ）貝塚など東北地方日本海側に分布する。そして石刀は，北陸地方をはじめとする中部地方から東北地方〜北海道へ晩期中葉（大洞 C_1〜C_2 式期）を画期として伝播していき，普及したものと考えている[10]。

また筆者は先端部に数本の刻みの施される石剣・石刀の集成を行なったが[11]，北海道渡島半島から南関東地方まで分布している。所属時期の明確なものが少ないが，晩期中葉から末葉にかけてのものが多い。しかしこのような風習の発生した時期，地域を明確にするにいたっていない。

石冠・土冠　中島栄一は形態分類を行ない，さらに集成的研究を行なっている[12]。石冠は中部山岳地帯を中心とした地域に集中し，とりわけ岐阜県には出土点数の五分の一が集中し，ことに神通川と庄川流域は濃密であるという。また出土点数の 80％ は愛知，岐阜，石川，富山，新潟の各県に集中しており，日本海側に集中することが注目される。これに対し，東北地方から関東地方は分布が希薄となる。

また土冠はこれとは逆に新潟県を含む東北地方を中心に分布しており，石冠分布の希薄地域にその主体があるといえる。さらに土冠は伴出土器から晩期後半のものが多く，後期からの出土例のある石冠よりも後出のものといえる。一方，伊勢湾から北陸を結ぶ線より西では石冠・土冠は出土していない。

以上のことから中島は石冠を亀ヶ岡文化の圏外から圏内へもたらされたものとし，日本海ルートと，飛騨から峠を越え，信州から越後へ入り東北地方へと伝播する道筋も想定している。また東北地方に石冠がもたらされた後に，これを模して制作の容易な土冠が誕生した可能性を指摘している。

（3） 分布が亀ヶ岡文化圏におよばないもの

御物石器　橋本正は頭部断面の形態を三角状

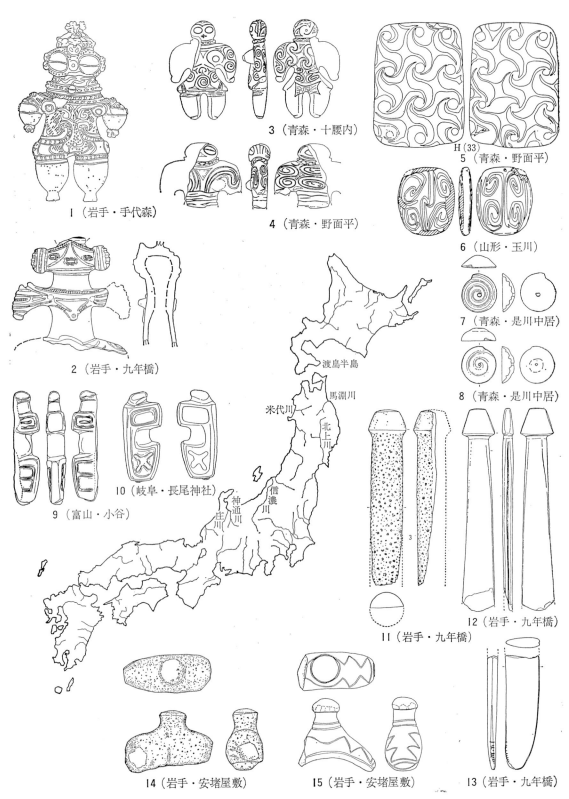

図 1　縄文時代晩期の呪物
1・2 土偶, 3・4 岩偶, 5・6 岩版・土版, 7・8 内面渦状土（石）製品,
9・10 御物石器, 11〜13 石棒・石剣・石刀, 14・15 石冠・土冠

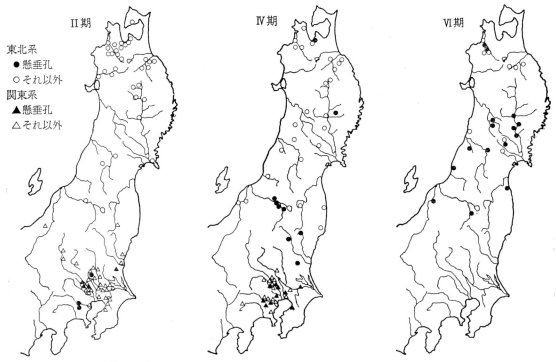

図 2 晩期前葉・中葉・末葉の懸垂孔をもつ岩版・土版の分布（文献9）から作成）

（濃飛型）と逆三角形状（北陸型）に大別したうえで，時期と分布の説明を行なっている[13]。まず断面三角状の御物石器は後期末葉に飛騨地方南部から美濃地方北部で発生したもので（第Ⅰ期），晩期初頭に分布を拡大する（第Ⅱ期）。さらに晩期中葉に形態を安定させ分布を飛騨全域から美濃北部まで広げ（第Ⅲ期），晩期後葉へと続く（第Ⅳ期）。一方，断面逆三角形のものは第Ⅲ期以前に発生し，北陸地方を中心に分布するが，両者の分布圏は重複する。

2 呪物からみた縄文時代晩期の地域性

以上，晩期の呪物の研究の成果を紹介したが，この結果から縄文時代晩期の地域性についてまとめ，さらに今後の研究の課題と展望を述べてみたい。

まず亀ヶ岡文化圏内で分布が完結するものとした岩偶は前半期の所産である。岩偶の分布は馬淵川流域という狭い地域で完結し，後述する遮光器土偶のように圏外へ影響を与えることはなかった。後半期の内面渦状土（石）製品，後半期あるいは終末期の土偶の分布も圏内で完結する。

一方，亀ヶ岡文化圏から他地域へ影響を与えたものとして，晩期初頭に馬淵川流域で発生し，分布を関東地方まで広げた岩版・土版がある。また同じく前半期の遮光器土偶も圏外へ影響を与えているが，その範囲は岩版・土版よりもかなり広く，近畿地方まで及んでいる。また北海道へも影響を与えている点でも岩版・土版と異なる。

これとは逆に圏外からの影響と考えられるものは石刀や石冠・土冠がある。両者は北陸地方をはじめとする中部地方から日本海側のルートで晩期後半に圏内へ及んでいる点で共通している。一方，岩版・土版にみられる懸垂孔は関東地方からの影響と考えられているが，その時期が晩期後半という点では石刀や石冠・土冠と共通している。しかしその一方で，御物石器のように亀ヶ岡文化に影響を与えなかった呪物も存在する。しかし亀ヶ岡文化圏への二つのルートを想定することはできても，具体的な道筋については明確にするにいたっていない。

このように晩期の呪物は前半期には亀ヶ岡文化圏から圏外へ影響を与えるものがみられるのに対し，後半期にはそのようなものはみられず，逆に圏外からの影響が強くなる傾向がうかがえる。その道筋のひとつとして，石刀や石冠・土冠のよう

77

な中部地方日本海側からの影響を重視する必要がある。近年，東北地方北部の弥生時代のはじまりについて，日本海側の遺跡からの相次ぐ遠賀川系土器の出土が注目されているが，このような西からの影響が土器以外の遺物についても認めることができる。

一方，岩版・土版の懸垂孔のように関東地方からの影響とみられるものは，現在のところ残念ながらほかの呪物では知ることができない。しかし，筆者が最も興味深く感じることは，遮光器土偶と岩版・土版の圏外への影響の与えかたが異なるように，石冠・土冠と御物石器にみられるように，圏外からの影響においても受け入れるものと受け入れないものがみられることである。

呪物についてはここ数年ようやく型式分類，編年といった基礎的な研究がいくつかの遺物について行なわれ，蓄積されつつある。今後もこのような基礎的な研究をすべての呪物に対して行なう必要のあることは言うまでもない。しかしその場合，筆者が常に悩むことは呪物の所属時期決定のむずかしさである[14]。現在のところ簡単に解決できる問題ではないが，地域性を検討するうえには呪物の型式分類と編年は欠かせない。

また，岩版・土版に施される懸垂孔や石剣・石刀先端に施される刻みのような遺物の二次的な加工についての詳細な検討を進める必要がある。一般に呪物は用途を推定しがたいものであるが，このような痕跡の検討によって呪物がどのように使われたのか理解できることもあるし，さらに形態による分類とは異なった地域性を見いだすこともできる。

さらに岩版・土版や石冠・土冠，内面渦状土（石）製品のように，同一の形式を異なった材質で製作するものの存在に，注意を向けることも必要である。岩版・土版は時間の経過とともに材質を石から粘土へと変化させるが，東北地方の日本海側では太平洋側に比べてその交替の時期が遅れる[15]。また土冠も石冠に後出するものだが，石冠の分布の中心地域ではほとんどみられず，東北地方など分布の周辺域で多くみられる。分布の範囲は石冠と比べて狭いが，同じ傾向は岩偶にもみられる。しかしその一方で，石棒・石剣・石刀や独鈷石のように粘土で製作された例が全く知られていないものもある。

以上のように型式分類のほかに呪物の属性に関する研究をさらに進めることによって，縄文時代の地域性をあらためて示すことができるものと考えられる。さらに，現状では明確にとらえることのできない縄文時代の交流の道筋についても，より具体的に示すことができるものと思われる。

　註
1)　村越　潔『円筒土器文化』雄山閣，1974
2)　小島俊彰「三角壔形土製品」『縄文文化の研究9』1983
3)　江坂輝彌「青竜刀形石器考」史学，38—1，1965
4)　稲野裕介「岩偶」『縄文文化の研究9』1983
5)　稲野裕介「亀ヶ岡文化における内面渦状土（石）製品とその分布」史学，52—2，1982
6)　会田容弘「東北地方における縄文時代終末期以降の土偶の変遷と分布」山形考古，3—2，1979
7)　稲野裕介「亀ヶ岡文化における中空土偶と中実土偶」『慶応義塾大学考古学研究会二十周年記念論集』1986
8)　天羽利夫「亀ヶ岡文化における土版・岩版の研究」史学，37—4，1965
9)　稲野彰子「岩版・土版の懸垂孔について」『北上市立博物館研究報告』6，1987
10)　後藤信祐「縄文後晩期の刀剣形石製品の研究（上）」考古学研究，33—3，1986，「同（下）」考古学研究，33—4，1987
11)　稲野裕介「石剣類に施される刻みについて」『北上市立博物館研究報告』3，1980
12)　中島栄一「石冠・土冠」『縄文文化の研究9』1983
13)　橋本　正「御物石器論」大境，6，1976
14)　呪物が遺構から出土する例は多くなく，そのために所属時期を限定できない資料が多い。また遺構から出土した資料であっても土器の一型式と対比の行なうことのできるものは希である。そのためにいくつかの土器型式の範囲を示すにとどまらざるを得ない。
15)　稲野彰子「岩版」『縄文文化の研究9』1983

複合した地域性

集　落

香川大学助教授
丹羽佑一
（にわ・ゆういち）

縄文中・後期の集落に，諸施設の形式，空間構成，集落形態の3
項目から型式を設定し，それらの比較から地域性を探っていく

　私たちは数軒の住まいが集合した状態を，集落を他から識別する最低の条件としている。しかし，集落では，「住まう」という行動を核にして，関連する諸活動が展開されるので，それぞれに伴う諸施設，例えば墓，貯蔵穴，広場や，必要な道具もまた集落の構成要素に含まれる。

　このように，集落の特性は「住まう」と「複合性」にある。したがって，個々の集落の特徴をいうとき，それは単に住居および住居群の特徴（型式）でもなく，ましてや墓の特徴でもなく，それらが複合された状態の特徴を明らかにしなければならない。

　縄文時代にあっても，拠点的集落と周縁的集落の別が知られる。その特徴は諸施設，諸道具の有無，型式，規模の差異として捉えられるが，加うるに，これらの複合態の型式，規模の差異を検討しなくてはならない。

　複合態は従来より集落の形態として捉えられ，集落の型式を表わすものとして重視されてきた。しかし，諸施設，道具を統合して，特定の形態に導くものは何か。それは全集落構成要素に通じ，空間的位置を決定するものである。これは集落の空間構成に他ならない。複合態の型式には形態にこの空間構成を加えなければならないのである。

　この集落の形態と空間構成の関係は，土器，石器など諸道具の形態と技術に相当する。また，集落諸構成要素と空間構成の関係は，弥生土器の様式論に通じる。集落諸構成要素は壺形，甕形，高杯形などの土器諸形式に，空間構成は土器様式に対比することができるのである。

　集落にもまた生成，発展，衰退，消滅の歴史があり，私たちはその変遷を通じて集落型式を抽出する。したがって，集落型式は，単一時期の個別集落を表現するものではなく，縄文時代であるならば，縄文文化を理解する装置として働くのである。型式のこの性格は，抽象度が高いほど強い。ここで問題にしている集落型式としての空間構成は，このような性質をもっている。

　以上の考えに基づいて，まず調査の進んでいる神奈川県下の縄文時代中期以降の集落に，イ）諸施設の形式，ロ）空間構成，ハ）集落形態，の3項目から型式を設定し，それと比較することによって，各地の集落の特性を探ってみたい。なお，紙面の都合もあって，対象時代は中・後期に，資料の制約もあって地域は東日本を主に，西日本は参考例を挙げるに留まった。

1　神奈川地方中・後期集落の型式（図1〜3）

（1）　A型式

　竪穴住居が，いわゆる広場を巡って円環状に配置される集落をA型式とし，施設の形式，空間構成によってA1式〜A4式の4種類に細分される。

　A1式　初山遺跡が亜式として属する。直径約78mの広場の東北部を，勝坂Ⅱ式期から加曽利EⅡ式期にかけて，2基を1群とした計3群6基が巡る。広場には中心から東に寄って1個の倒立深鉢が分布するが，この位置は住居群の円弧の中心にあたる。直径約60mを測るほぼ正円の空間が広場の東部に想定される。南端住居とこの深鉢を結んだ線の西延長に西群住居が分布するが，各期1基で群を形成せず，特殊な住居である。空間構成，他遺跡の住居群構成から，南部に対となる住居群が想定される。2大群と特殊住居の群構成にみる直径的分割構造，住居群に偏した広場の正円空間をこの型式の要件とする。

　A2式　神隠丸山遺跡を標準遺跡とする。直径約50mの広場を勝坂期から加曽利EⅡ期の計約93基の竪穴住居が円環状に巡る。広場には西に偏して墓壙群が分布し，住居群との間に長方形柱穴列群が南北に相対する。住居群は分布と長方形柱穴列との対応関係から南北2大群構成をとるが，広場墓壙群に相対するように，東に1小群をみる。これを第3住居群とする。2大群と第3群の住居群構成にみる直径的分割構造，一方に偏した広場墓壙群，長方形柱穴列と住居群の配置にみ

る同心円的分割構造を型式の要件とする。集落の形態は異なるが，２大群と第３群の住居群構成，集落空間の一部に偏した竪穴状遺構，特殊遺構の分布から，潮見台遺跡中期集落をこの型式の変型とする。

Ａ３式 三の丸遺跡勝坂・加曽利ＥⅠ式期中グループの住居群を標準遺跡とする。直径約50mの広場を竪穴住居が円環状に巡る。広場のほぼ中央で，２群の墓壙が東西に相対し，その西側，住居群との間に長方形柱穴列が分布する。住居群は，北グループ，南グループとの分布上の関係や，墓壙の群構成から，南北２大群構成をとるようであり，南北に枝群を配することもある。２大群の住居群構成にみる直径的分割構造，墓壙，長方形柱穴列，住居群の配置にみる同心円的分割構造を型式の要件とする。

Ａ４式 川和第４遺跡称名寺，堀之内Ⅰ・Ⅱ式期の後期集落を標準遺跡とする。直径約30mの広場を竪穴住居が円環状に巡るが，北半では等間隔に分布し，中央部では大型住居が東西に相対する。広場中央やや東に偏って２基の長方形柱穴列が置かれる。北半では，住居ごとに広場側に長方形柱穴列が配される傾向があり，墓壙がそれに混在する。南半では広場の縁辺に墓壙，長方形柱穴列，住居が同心円状に配されるが，柱穴列と住居は一部で混在する。このように本集落では北半と南半の空間構成は少し異なるが，これは住居群の南北２大群構成に関連する事象かもしれない。２大群の住居群構成，住居群東西中央部の大型住居の配置にみる直径的分割構造と長方形柱穴列，墓壙，住居の配置にみる同心円的分割構造を型式の要件とするが，長方形柱穴列の配置にみる同形式の同心円的分割構造は珍しく，本型式の特徴である。

（２） Ｂ型式

竪穴住居が同心円状に配置される集落をＢ型式とする。Ａ型式同様広場を有するが，住居群は広場を全周することはない。したがって，住居群の配置は正円でなく，広場の中心性も弱い。空間構成によってＢ１式とＢ２式に細分される。

Ｂ１式 三の丸遺跡後期堀之内１式～加曽利ＢⅠ式の集落を標準遺跡とする。墓壙とその南に配置される長方形柱穴列を核とし，北部に連接する住居群を中心に同心円状に住居が配置される。中心となる住居群の明確なことが，本型式の特徴で

ある。住居群の直径的分割構造は明確でない。しかし，中心部と周縁部に分かれる墓壙の中心部群が南北２群に分割されることから，集落を形成した集団が２大群構成であったことが知られる。住居が同心円状に配されてはいないが，中心住居群が存在するという点で，堀之内Ⅰ・Ⅱ式期の川和第23遺跡，荏田第５遺跡を本型式の変型とする。

Ｂ２式 池辺第14遺跡後期堀之内・加曽利Ｂ式集落を標準遺跡とする。広場の墓壙，西に偏在する長方形柱穴列を核に，住居が同心円状に巡るが，正確には空間構成，中心となる住居もそれほど明確でない。これが本型式の特徴である。広場の北縁に分布する墓壙が隣接する個別住居に伴うものか，広場に伴うものかで解釈は異なるが，後者の場合，広場南の墓壙群と対になり，集団の２大群構成を示すことになる。類する集落として後期神隠丸山遺跡・杉久保遺跡を挙げることができる。

（３） Ｃ型式

小規模な不整円形に配置された竪穴住居が，住居群の一構成単位となる集落をＣ型式とする。空間構成から Ｃ１～Ｃ３ 式に細分される。

Ｃ１式 三の丸遺跡加曽利ＥⅠ式期北グループを標準遺跡とする。北グループ竪穴住居は直径約37.5m の不正円周上に分布し，Ａ３式の中グループの北に連接する。加曽利ＥⅡ式期には北グループが消滅し，中グループ北半住居群が激増したことにより，北グループが中グループ円環住居群に加わったことが知られる。これより，前代にあっても中・北グループ間に密接な関係のあったことが知られる。

Ｃ２式 神庭遺跡を標準遺跡とする。円環状住居群の配列中に，10m×20mの不整円形に住居が配置される。円環上の位置から，この住居群が中心群であることが知られる。

Ｃ３式 加曽利ＥⅡ式期大熊仲町遺跡を標準遺跡とする。25m×20mの不整円形に配された住居群は，さらに環状分布の墓壙群を円環状に巡る。

（４） Ｄ型式

相対する竪穴住居小群が集合した集落をＤ型式とする。空間構成によって Ｄ１～Ｄ３ 式に細分される。

Ｄ１式 上白根おもて遺跡を標準遺跡とする。勝坂期・加曽利Ｅ式期の住居群が広場を核として放射状に配置される。

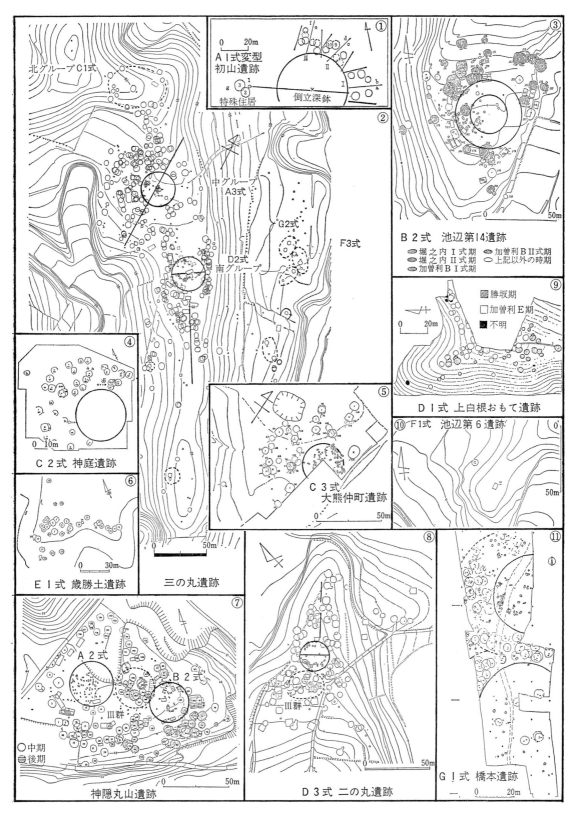

図1 神奈川の集落型式（文献1）に加筆，①のみ文献2）に加筆）

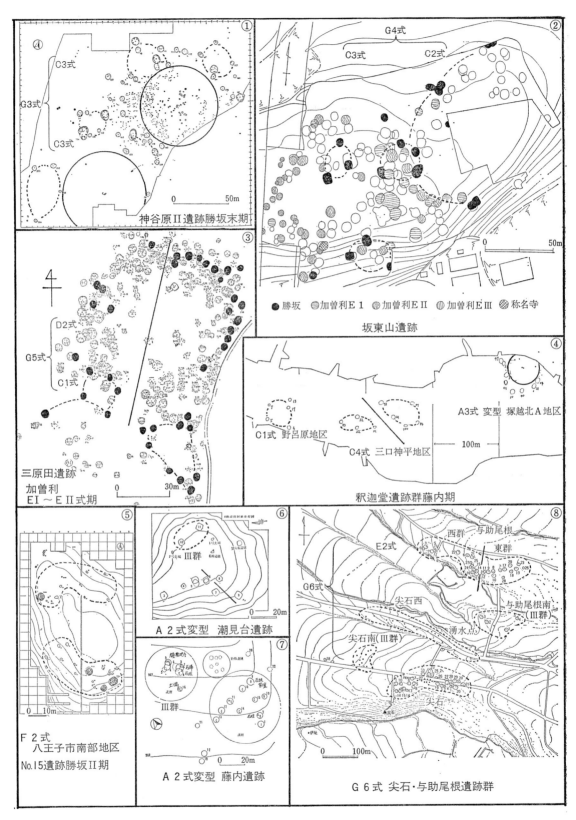

図 2 諸地方の集落型式（いずれも文献 1）に加筆）

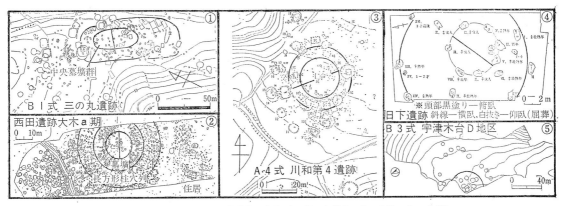

図3 各地の集落型式（①③⑤は文献1），②は文献9），④は文献19）に加筆）

D2式 三の丸遺跡中期中・南グループ住居群を標準遺跡とする。尾根基部側平坦部に墓壙，長方形柱穴列を構築する直径約30mの広場を設け，その東西縁辺部およびそれより南に延びる痩せ尾根を対称軸にして両側に対となる住居群を配する。広場の墓壙群が南北に相対する展開から，これら対となる住居小群は全体として2群に大別されることが知られる。

D3式 二の丸遺跡中期集落を標準遺跡とする。D2式の相対する住居群の間に第3の住居群を配する。二の丸遺跡では尾根基部側に直径約20mの広場を設け，その南側に第3群を配している。広場には長方形柱穴列と南北に相対して墓壙群が構築され，住居群が全体としても2群に大別されることが知られる。金程向原遺跡勝坂〜加曽利EⅡ式期の集落もこれに属する。第3群もまた対となる2小群から形成されており注目されるが，長方形柱穴列を欠く点が異なる。北川貝塚阿玉台・勝坂期の集落は住居群の配置から本型式の変形とも考えられるが，広場の墓壙が長方形柱穴列と対になって3群構成であるなど，相違点も多い。第3京浜道路に切られた部分が不明である点も含めて，型式の帰属は保留される。

（5）E型式

住居群が直線的に配列される集落をE型式とする。1遺跡が知られるだけであるが，類例の増加を考えて，空間構成から細分する。

E1式 大熊仲町遺跡勝坂・加曽利EⅠ式期の集落を標準遺跡とする。直線的配列の住居群が方形に分布する。C型式の住居群と組み合わせになる場合がある。特定の住居群に長方形柱穴列が伴うようである。

（6）F型式

2〜3基の竪穴住居小群が相対せず，あるいは円環状にも並ばず，不定形に分布する集落をF型式とする。空間構成から，F1〜F3式の細分が想定される。

F1式 竪穴住居小群1群から形成される小型集落。大型集落の一部を本型式と誤解したり，それゆえに集落の研究対象から除外されたりする。池辺第6遺跡では堀之内Ⅰ式期の1基の住居と1基の長方形柱穴列が分布する。これを単位とすると，特殊な目的を持った集落であることも考えられる。

F2式 竪穴住居小群数群が比較的狭い範囲に，いわば並列的に分布する集落。歳勝土遺跡中期集落はこれに類するか。

F3式 三の丸遺跡五領ヶ台式期集落を標準遺跡とする。竪穴住居小群数群が広い範囲に散在する集落。

（7）G型式

2大群構成をとる竪穴住居群が複数組隣接，もしくは連接する集落。G1，G2式に細分される。

G1式 2組の円環状住居群が連接する集落である。橋本遺跡加曽利EⅡ〜EⅣ式期の集落がこれに類する。全容不明のため，各円環状住居群の細分型式も不明である。

G2式 三の丸遺跡勝坂〜加曽利EⅡ式期の集落を標準遺跡とする。中グループA3式と南グループD2式の結合体をさす。時に中グループにC1式の北グループ住居群が形成されたりする。中グループ南半の1住居群と南グループの1群とが対になり，両グループは結合される。杉久保遺跡勝坂期集落の北部円環状住居群と南部の南北に相対する住居群も本型式に属するか。

2　型式間の関係

神奈川地方の縄文時代中・後期の集落は，大別7型式と細別19型式に類型化されるが，型式相互にはどのような関係があるのだろうか。

A4式，B1，B2式は後期前半集落が独占する。住居，長方形柱穴列の同形式の同心円的分割構造が後期になって盛行することを示す。一方，中期集落は，A，D型式をほぼ独占し，同形式の軸による分割構造（直径的分割構造）が盛行する。

三の丸遺跡中期集落では，C1，A3，D2各型式が共存し，一体となってG2式となる。

大熊仲町遺跡中期集落において，E1式からC3式への移行が観察される。

中期諸型式の地理的分布をみると，検討資料が鶴見川流域に偏っているにもかかわらず，諸型式中最大規模の住居群を誇るG型式3集落が鶴見川，片瀬川，相模川の3河川流域に各々分布することが注目される。

中期，後期を通じて，隣接する2集落にあって，住居群規模に差がある場合，大きい方がA型式を，小さい方が中期ではD型式，後期ではB型式をとる（神隠丸山遺跡〔A2式〕大一北川貝塚〔D3式？〕小，三の丸遺跡〔A3＋C1＋D2＝G2式〕大一二の丸遺跡〔D3式〕小，川和第4遺跡〔A4式〕大一川和第23遺跡〔B1式〕小）。

3　各地の集落型式（図2・3，表1）

（1）東京地方

なすな原遺跡以外検討資料は中期に属する。したがって，表1の検討結果は大体中期の状況を示している。

A型式中，鶴川J地点遺跡は特殊住居が住居群の中心に位置するので，A1式変型に比定される。B型式中，宇津木台遺跡群D地区加曽利EⅡ式期集落の同心円配列の中心に位置する住居群は神奈川地方では知られず，新たにB3式を設定する。C・D型式が比較的多い。D型式中，2〜3基の住居小群が相対する小集落（椚田Ⅳ五領ケ台式期，なすな原加曽利BⅠ式期）がある。新たにこれをD4式とする。F型式が多い。G型式は神谷原第Ⅱ遺跡勝坂末期の集落に認められる。C3式（北群・南群）の連接をG3式とする。隣接して別型式の椚田第Ⅳ，第Ⅴ遺跡があり，集落群の変遷は，各村の固有の歴史を物語っている。

（2）埼玉地方

叺原，高井東遺跡以外は中期資料である。したがって，表1の検討結果は大体中期の状況を示している。

A型式は少ない上，細分型式までわかるものはほとんどない。C型式のとくにC3式が多い。G型式に坂東山A地点遺跡がある。勝坂期の，C2式（北東群）とC3式（南西部）の連接をG4式とする。加曽利E期に入ると，各群はC型式からA型式に変化し，全体としてG1式に移行していくよ

表1　各地の集落型式表（文献1）参照）

神奈川	A型式				B型式			C型式				D型式				E型式		F型式			G型式					
	A1式	A2式	A3式	A4式	B1式	B2式	(B3式)	C1式	C2式	C3式	(C4式)	D1式	D2式	D3式	(D4式)	E1式	E2式	F1式	F2式	F3式	G1式	G2式	(G3式)	(G4式)	(G5式)	(G6式)
東京	鶴川J（変・中期）		三鷹五中（変・中期）神谷原Ⅱ（Ⅲ期）				宇津木台D（加EⅡ）	椚田Ⅳ（中期後半）		新山（中期後半）神谷原Ⅱ（Ⅳ期）			多摩ニュータウンNo.46（中期・滑坂・勝坂）		椚田Ⅳ（五領）なすな原（後期）			多摩ニュータウンNo.57（中期・椚田Ⅴ（五領）	八王子市南部No.15	宇津木台D（五領〜勝坂）			神谷原Ⅱ（Ⅳ期）			
埼玉	台耕地（変・加E）		宮地？					坂東山A北東群（勝〜加EⅠ）	行司免（加E中）	坂東山BA南西群（加E？）花景（勝〜加E）		西原（勝〜加EⅠ）高峰（加EⅡ・Ⅲ）	高峰（加EⅠ・Ⅱ）	高峰（加EⅡ）		叺原（勝）		高井東（加BⅠ曽谷）足利卜伝（初〜中期末〜後期）高峰（勝Ⅰ）			坂東山A（加E）			坂東山A（勝坂）		
長野	大石（変・新道）	和田・西（加利）	藤内（井戸尻）九兵衛尾根（曽利・九兵）樋口内城館Ⅲ（加EⅣ）和田東（曽利）	下大石原？（曽沢）	大伴野原（中期）		宮中（中期）	大石（九兵衛I）	丸山南？	牛の川（中期末）樋口内城館（曽利Ⅱ）		居沢尾根（曽利）	曽利（曽利）	北原・西（変・曽利）	頭殿沢（勝沢・刈）坂木南原（藤内・十王堂）	間上利山（中期末〜岩）	徳久利（後期前半）	与助尾根								尖石遺跡群（曽利・与助尾根）

変：変型、五領：五領ヶ台期、勝Ⅰ：勝坂Ⅰ式期、加EⅠ：加曽利EⅠ式期、加BⅠ：加曽利BⅠ式期、
九兵衛Ⅰ：九兵衛尾根Ⅰ式期.（神奈川の括弧付型式は該当なしを表わす）

うである。なお，高井東遺跡でD4⇄F1式の変化が観察される。高峰，行司免，台耕地各遺跡では，土壙群（墓壙？）が住居区外に配置されるが，神奈川，東京地方と異なり注目される。

（3）　群馬地方

対象とし得る遺跡は少ない。三原田遺跡では諸型式が複合しており，当該地域の空間構成検討上，好適の資料となっている。

三原田遺跡は勝坂期から後期初頭称名寺期までの集落であるが，加曽利EⅡ式期までの，D2式（北群）とC1式あるいはC2式（南群・連接部）の連接をG5式とする。EⅡ式・EⅢ式期では南群をみないが，かつての連接部では，南群を含んだものか，入口部を形成するものか，D2式の北群中C1式の構成をみせる。ここまでの住居群は，集落を南北に縦断する軸で東西に大きく2分される。ところがEⅢ式末とEⅣ式期には，北群が同心円的に配置される一方，先の軸線によって線対象的にも配置されている。B1式変型とD2式の2重の構成が認められるのである。称名寺期のF3式は，上記空間構成の崩壊を示している。

（4）　山梨地方

対象とし得る遺跡は少ないが，釈迦堂遺跡群に種々の型式の集落が知られる。

釈迦堂遺跡群は塚越北A地区，三口神平地区，野呂原地区に分かれるが，中期藤内期では上記した順にA3式変型（長方形柱穴列を欠く），C1式の2住居群が相対する集落（新たにC4式とする），C1式の集落が分布する。

各集落は，上記の順で，ほとんどの住居から土偶を出す集落，埋甕を出す住居群と土偶を出す住居群が相対する集落，1基だけ土偶を出す集落の特徴を持つ。曽利期になると，三口神平地区だけに集落が形成され，C4式からD2式への構成の変遷が認められる。このような集落の展開は，集落の空間構成と機能の間に密接な関係があることを示している。

（5）　長野地方

検討資料のほとんどは中期に属する。したがって，検討結果は大体中期の状況を示している。

A型式中，A2式変型，とくに藤内遺跡藤内・井戸尻期のような神奈川潮見台遺跡に類する構成が顕著である。B型式では墓址ではあるが，宮中遺跡中期末の石棺に同心円的配置が認められる。C型式は比較的多い。D型式，とくにD4式が顕

著である。ほとんどのものに中央部の土壙（墓壙？）が認められる。D4式変型として，中央部に1基の竪穴住居址が分布する岩間上山遺跡曽利Ⅱ・Ⅲ式期がある。E式に与助尾根・尖石遺跡群曽利期[3] がある。与助尾根，尖石北，尖石遺跡は湧水路に沿った南斜面に立地し，住居群は微地形に応じた帯状配置をみせる。与助尾根遺跡では祭祀物の分布に東西2大群の群構成を知る[4,5]。これを新たにE2式とする。並列するこれら3住居群は間に与助尾根南，尖石西の小群を挟む。これを第3群とすると，D3式の空間構成に近似する。与助尾根の群構成に基づくと，対となる群は大群となり，小群を対とするD3式とは異なる。それよりも上位の群構成として，新たにG6式をこれに設定する。なお，内容の明らかな与助尾根南は，湧水点に隣接し，石棒・土偶，焼石・焼土を出土するなど，第3群の特殊性をよく表わしている。G式には荒神山遺跡藤内Ⅰ式期も挙げられるが，全容不明のため，細分型式は明らかでない。

以上，長野地方では八ヶ岳西南麓の資料が充実しており，A2式変形（藤内など）が顕著である。天龍川沿岸部は検討可能の資料は少ないが，そのうちD4式が顕著であった。なお，両地域を通じて，空間構成に祭祀物諸形式が対応する場合が多い。

4　おわりに——その他の地方（図3）

関東・中部の地域性にとって参考と思われる例を呈示するに留める。

東北地方では3つの類型が知られる。1つは，長軸が 10m を超えるような長楕円形プランの大型住居と小型住居の組み合わせで，多くは小型住居が大型住居を囲むようにして，台地縁辺に構築される（秋田杉沢台前期後半[6]・天戸森中期末[6]・岩手長者屋敷中期末[7]）。しかし，秋田上ノ山Ⅱ遺跡前期後葉[8]では，これとは別に，台地平坦部の長径約 50m，短径 20～25m の広場を巡って，大型住居が軸を中心に向けて，放射状に構築されている。この円形の配列を見せるものに岩手西田遺跡中期大木8a 式期[9]の集落がある。しかしここでは2群に分かれる直線的な墓壙帯を中心に墓壙，長方形柱穴列，南部竪穴住居の同心円的空間構成が認められる。神奈川三の丸後期前半，長野宮中中期末と共通するが，墓壙軸を中心に向けているだけ求心性が強い。東北地方の同心円構造は，後期

85

の秋田万座・野中堂遺跡の内外2帯の環状列石に結晶する。最後の1つは、住居群の直線的配置である。E式に比定されるが、長者屋敷遺跡中期末では相対する痩せ尾根に2大群構成を展開する。福島田地ケ岡遺跡中期末では微地形に沿い、E1式の配列をみせる。

北陸地方でも大型住居が知られる。中期の富山不動堂[10]・水上谷遺跡[11]では大型住居と小型住居が総体として緩やかな円弧を描き、東北地方のように大型を小型が囲むということはないらしい。不動堂遺跡の場合、大型住居（2号）が住居区の中心に位置し、これをC1式に比定すると、全体として、C2式に類する構成となる。同地方において円弧状配置が盛行したことは、石川チカモリ遺跡[13]の円形木柱列群、東市瀬遺跡（D4変→A3）住居群[14]の分布にもうかがわれるが、同心円的配置は知られていない。

千葉地方では貝塚遺跡をはじめとして、いわゆる馬蹄形集落が知られる。多くはA式に属するものと思われるが（中期貝の花[15]、高根木戸[16]—A2式変型）、子和清水遺跡中期[17]は南北軸に相対する住居小群が全体として菱形の核となり、周辺に支群を配するD3式変型である。しかし、直径的分割による東西2大群構成に加えて、同心円的分割による内外2重の群構成は子和清水がG型式に属することを示している。加曽利南・北遺跡などにみられる環状住居群の連接、隣接もまたG型式に入るものであろう。

静岡地方では、蜆塚後・晩期[1]でC2式、出口中期でF1式、大塚後期[1]でB1式？が知られる。

東海以西では、墓址ではあるが愛知県吉胡貝塚[18]でG型式の空間構成が推測されている。大阪府日下貝塚[19]、和歌山県溝ノ口遺跡[20]では後期の墓址の同心円構造が知られる。日下貝塚を大湯の環状列石と比較すると、規模が約1/2という差はあるものの、人骨群が、内帯、外帯に対比し得る内環、外環2重配置になっているのがわかる。内環人骨群の頭位は東群（反時計回り）と西群（時計回り）で異なっており、外環はすべて反時計回りで注目される。内環の人骨が2群に分かれるのは西田、三の丸と同構成である。溝ノ口では1基の竪穴住居址を中心に土壙（墓壙？）が2～3重に巡る。外径は33mを測る。このように東海以西においても同心円構造は散見されるが、環状遺構の直径的分割構造はほとんど知られていない。

以上、簡単に諸地方の集落諸型式の展開をみた。地域における位置づけを無視し、少数例を挙げただけで、地域性の解明には程遠い状態である。一方、近年集落調査件数は増加しているものの、全体の構成の知れるものが少ない上、集落を構成する諸形式の確認、同定のレベルが、調査年次、地域によって一律でない。この点の改善も進める必要がある。

参考文献

1) 日本考古学協会・日本考古学協会山梨大会実行委員会「シンポジウム　縄文時代集落の変遷」1984

2) 丹羽佑一「縄文時代中期における集落の空間構成と集団の諸関係」史林、61—2、京都大学史学研究会、1978

3) 戸沢充則ほか『茅野市史』上巻、1986

4) 大林太良「縄文時代の社会組織」季刊人類学、2—2、1971

5) 水野正好「縄文時代集落研究への基礎的操作」古代文化、21—3・4、1969

6) 永瀬福男「秋田県における円筒土器文化」考古風土記、9、1984

7) 三浦謙一・佐々木勝「縄文時代前・中期住居址群の変遷—松尾村長者屋敷遺跡の分析—」岩手県埋蔵文化財センター紀要、V、1985

8) 大野憲司「放射状に配列された縄文前期の大型住居群—秋田県上ノ山II遺跡」日本考古学協会第53回総会研究発表要旨、1987

9) 佐々木洋ほか「西田遺跡」『東北新幹線関係埋蔵文化財調査報告書VII』岩手県教育委員会・日本国有鉄道盛岡工事局、1980

10) 富山県教育委員会『不動堂遺跡—第1次発掘調査概報』1974

11) 橋本　正『富山県小杉町水上谷遺跡緊急発掘調査概要』富山県教育委員会、1974

12) 斎藤　忠ほか『大湯町環状列石』文化庁、1953

13) 南　久和ほか『新保町チカモリ遺跡—遺構編—』金沢市教育委員会、1983

14) 金沢市教育委員会「金沢市東市瀬遺跡」金沢市文化財紀要、50、1985

15) 八幡一郎編『貝の花貝塚』松戸市教育委員会、1973

16) 八幡一郎編『高根木戸』船橋市教育委員会、1971

17) 松戸市教育委員会『子和清水貝塚』1973～1975年

18) 春成秀爾「縄文晩期の婚後居住規定」岡山大学法文学部学術紀要、40、1979

19) 吉村博恵ほか「日下遺跡第13次発掘調査」『東大阪市埋蔵文化財発掘調査概要 1985 年度』東大阪市教育委員会、1986

20) 中尾憲一ほか『溝ノ口遺跡II』海南市教育委員会・海南市文化財調査研究会、1987

● 最近の発掘から

縄文前期の集落跡——宇都宮市 聖山公園遺跡

梁木　誠　宇都宮市教育委員会

　本遺跡は宇都宮市の中心部から西へ約 5 km の同市上欠町に所在する。発掘調査は市営霊園（墓地公園）造成に伴うものであり，昭和57年から本市教育委員会が主体となって実施してきたものである。縄文時代前期の集落が検出されたのは，調査地区南端の最終第 5 次調査地区である。当初の計画では昨年度をもって調査を完了する予定であったが，遺構がかなり密であることや，たまたま奈良時代前半の集落が重複していたことなどから期間の延長を余儀なくされ，今年度に至ったものである。なお，一昨年の第 4 次調査までに検出されたものは鬼高期の竪穴住居跡34軒，円墳 7 基，経塚 3 基，その他多数の土坑や溝などであり，主に古墳時代後期以降の遺跡としてとらえられていた。

1　遺跡の立地と環境

　栃木県の地形は大きく北西の山間部と南東の平野部に分かれる。本遺跡が立地するのはちょうどこの変換点付近にあたり，山間部の裾より平野部に向かってせり出す細長い台地の上である（口絵参照）。縄文時代前期の集落跡が検出された地点はこの台地南端のやや手前であり，標高は 117～118m で，周囲水田面との比高差は 10m 前後である。なお，両側には姿川，武子川という小河川がそれぞれ南流し，台地突端を過ぎた地点で合流している。

　本遺跡周辺は，県内でも縄文時代の遺跡が数多くみられる地域の一つである。時期的にはやはり中期のものが多いようであり，上欠遺跡や御城田遺跡など本県を代表するような大集落跡の調査もなされている。しかし，近年の発掘増により前期集落跡の調査例も次第にそろいつつあり，やがては周辺地域をも含めての本遺跡の位置づけが可能となってくるものと思われる。

2　遺　構

　縄文時代前期の遺構群は径 50～60 m の広場と思われる部分を囲むように調査地区の北側から西側斜面沿いに向かって検出されている（口絵参照）。遺構群が調査地区外の南側へ延びるのは間違いないものとみられ，おそらく環状に形成された集落の北側部分が確認された状態と思われる。また，集落の規模は東西が台地平坦部幅ほぼいっぱいの約 100 m，南北は調査された範囲内だけでも約 100 m であり，かなり大規模なものと言える。な

お，広場と思われる部分には，密度は低いながらある程度の集石がみられる。

　現在，周囲の遺構群については 9 割方調査を完了しているものの，内側の広場と思われる部分についてはまだ調査を行なっていない。したがって，ここでは周囲の遺構群に限って，いくつかの特徴をまとめることにしたい。

　竪穴住居跡　現在までの検出数は 24 軒であり，調査地区内では今後増えても 1，2 軒であろう。これらの大部分は平面形が隅丸長方形もしくは隅丸方形で 6 本の主柱穴をもつということで形態的に共通している。しかし，規模的には長軸が 4～5 m の小型のものから，15 m を超える大型のものまでかなりの幅がみられる。とりわけ，長軸 10 m を超えるような大型の竪穴式住居跡（表 1 参照）についてはこれまで県内での調査例がなく注目される。ここで最も大規模であった J-5 号住居跡（口絵参照）について概略を記しておくことにしたい。

　J-5 号住居跡は北側遺構群の中央部やや西寄りの地点から検出されている。平面形は ほぼ隅丸長方形で，規模は長軸 15.2 m，短軸 9.9 m，床面積にすればおよそ 150 m² である。壁の掘り込みも確認面から 30 cm 前後と比較的しっかりしている。柱穴は大・小合わせて 400 本近くにものぼり，重複もおびただしい。柱穴配列については現在検討しているところであるが，基本的には 6 本の主柱に棟持ち柱をもち，さらに細かな壁柱をめぐらすという形態と考えられる。また，主柱とみられる穴どうしの重複関係からは，少なくとも 3 回の建て替えのあったことが確認できる。なお，炉跡は 9 か所あり，一時期に複数の炉を使用していたことも考えられる。

　大型建物跡　隅丸長方形にめぐる溝もしくは小ピット列の内側に主柱穴が配されるもの（口絵・図 1 参照）であり，現在までに 12 棟が検出されている。表 1 で示すように長軸が 15～24 m，短軸が 6～10 m と，平面規模が長大であることがこの建物跡の最大の特徴である。さらに，検出された 12 棟の主柱配列がいずれも 5 本 2 列で 10 本という規格性の強さもうかがえる。その他この建物跡に関する特徴的な点をいくつか列挙してみたい。

　①　主柱穴の掘り方は隅丸長方形もしくは楕円形であり，深さはまちまちであるが平均 50～60 cm である。竪穴住居跡のものと比較すると，平面形が大きい割には意外に浅いと言える。

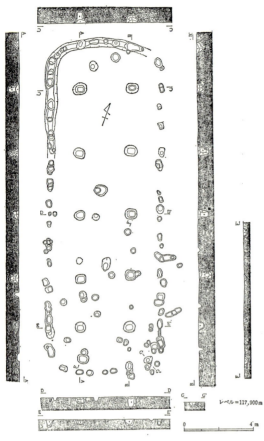

表1 大型の竪穴住居跡と大型建物跡 ( )は推定

遺 構 名	平 面 規 模 (長軸×短軸)m	主柱穴
J- 5号 住居跡	15.2×9.9	(6本)
J-12号 住居跡	10.1×6.6	6本
J-17号 住居跡	13.4×7.5	6本
J-20号 住居跡	11.2×6.7	6本
1号 大型建物跡	23.1×9.8	10本
2号 大型建物跡	23.8×9.95	10本
3号 大型建物跡	19.2×6.95	10本
4号 大型建物跡	(18.8)×6.45	(10本)
5号 大型建物跡	18.1×7.15	10本
6号 大型建物跡	20.2×6.8	10本
7号 大型建物跡	18.7×6.45	10本
8号 大型建物跡	(18.0×6.5)	10本
9号 大型建物跡	16.9×6.3	10本
10号 大型建物跡	15.15×(6.4)	10本
11号 大型建物跡	17.6×(6.4)	10本
12号 大型建物跡	(15.5)×6.2	10本

図1 3号大型建物跡

② 遺構内からは炉跡と思われる焼土や床面とみられる踏み固められた面は検出されない。なお，掘り方の浅い竪穴形式とも考えにくく，一応平地式もしくは高床式の建物を想定している。

③ 2棟から数棟が重複して検出されることが多く，単独であることはあまりみられない。ある程度限定された場所内で，建て替えをくり返したような状況がうかがえる。

④ 長軸方向は北側遺構群中のものがほぼ南北であるのに対し，西側遺構群中に移るに従って少しずつ東西に近づいている。ちょうど，広場の中心に向かって長軸を設定したかのような配置をとっている。

柱穴列 長方形に配列するものを中心に，現在までに7棟が検出されている。遺構群のやや内側に位置するものが多いことから，今後検出数は増えていくものと思われる。形態的には長辺4本，短辺2本の長方形配列をとるものが7棟中4棟みられ，最も多いわけであるが，4号柱穴列だけはやや特異である。

4号柱穴列（口絵参照）は北側遺構群の中央部内側から検出されている。8本の柱穴が長方形というよりは円形状に配列するものであり，平面規模は長軸7.1m，短軸6.8mである。柱穴の掘り方は円形もしくは楕円形でいずれも大きく，径1mを超えるものもみられる。これに対し深さは検出面から50〜60cmと意外に浅く，前記した大型建物跡の主柱穴に共通した雰囲気がみられる。なお，7棟の柱穴列とも炉，床面などは検出されていない。

3 遺 物

竪穴住居跡の出土遺物は土器，石器および堅果類である。土器は大半が破片でしかも床面に伴うものが少なく，大部分が覆土の中〜上層に集中していたものである。詳細は今後の整理・検討を必要とするが，概ね前期黒浜式の範疇に含まれるものである。石器は石鏃，磨石，石皿，石匙などがみられるが，石斧類はほとんど検出されない。堅果類ではクルミが最も多く，まれにクリもみられる。

なお，大型建物跡および柱穴列では伴出する遺物の認定がなかなか困難なわけであるが，まれに柱穴の掘り方内や周囲のピット列内から出土する土器片は，いずれも黒浜式のものである。

4 おわりに

栃木県内ではこれまで縄文時代前期集落のまとまった調査自体が少なく，ましてやこのような大型の竪穴住居跡や大型建物跡の発見例は初めてである。取りあえずは，やはり調査例の多い東北および北陸地方との関連を考えざるをえないのが現状と言える。

ところで，はじめに記したように発掘調査はまだ途中であり，とくに広場と思われる部分は未調査である。本遺跡の縄文時代前期集落全体の景観がどのようなものであったかを考えるのには，まだ今後の調査をまたなければならない。

遺跡全景（第5次調査地区，昭和62年6月撮影）

大型建物跡が出土した
宇都宮市 聖山公園遺跡

昭和57年より継続して発掘調査を進めてきた聖山公園遺跡において，昨年（昭和61年）縄文時代前期の集落跡が確認され，現在も調査中である。これまでに検出された遺構は竪穴住居跡24軒，大型建物跡12棟，柱穴列7棟，その他方形の建物跡や各種土坑などであり，大部分のものに前期の黒浜式土器が伴っている。これらの遺構中には長軸が15mを超える大型の竪穴住居跡，通常の住居とは考えにくい大型建物跡，さらには円形に配された柱穴列など，注目すべきものが多数みられる。なお，調査は今後集落の中心部（広場）に入る予定である。

　　　構　成／梁木　誠
　　　写真提供／宇都宮市教育委員会

遺跡遠景

1・2号大型建物跡

3号大型建物跡

宇都宮市聖山公園遺跡

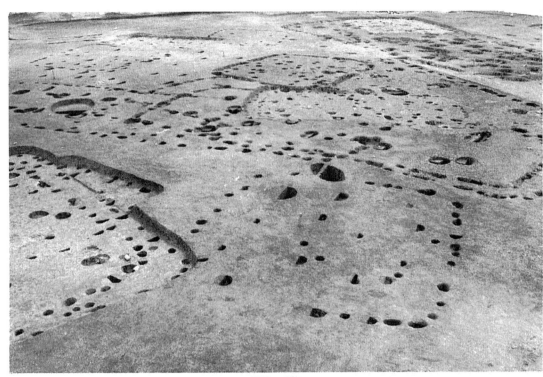
遺構の重複

4号柱穴列

J-5号住居跡

窯業集団の墓地か
松江市 池ノ奥C遺跡

島根県松江市大井地区は須恵器の窯跡群として知られているが，最近の調査によれば，窯跡に近接して6世紀後半から7世紀代の古墳群が確認されている。その古墳群の一角に所在する本遺跡では伝統的な須恵器の器形と異なり，小型陶棺や骨蔵器によく似た特異な土器の一群がすべて破片で出土したが，全国的に類例がなく注目される。

構　成／岡崎雄二郎・瀬古諒子
写真提供／松江市教育委員会

池ノ奥C遺跡全景

土壙内特殊土器出土状況

溝状遺構内特殊土器出土状況

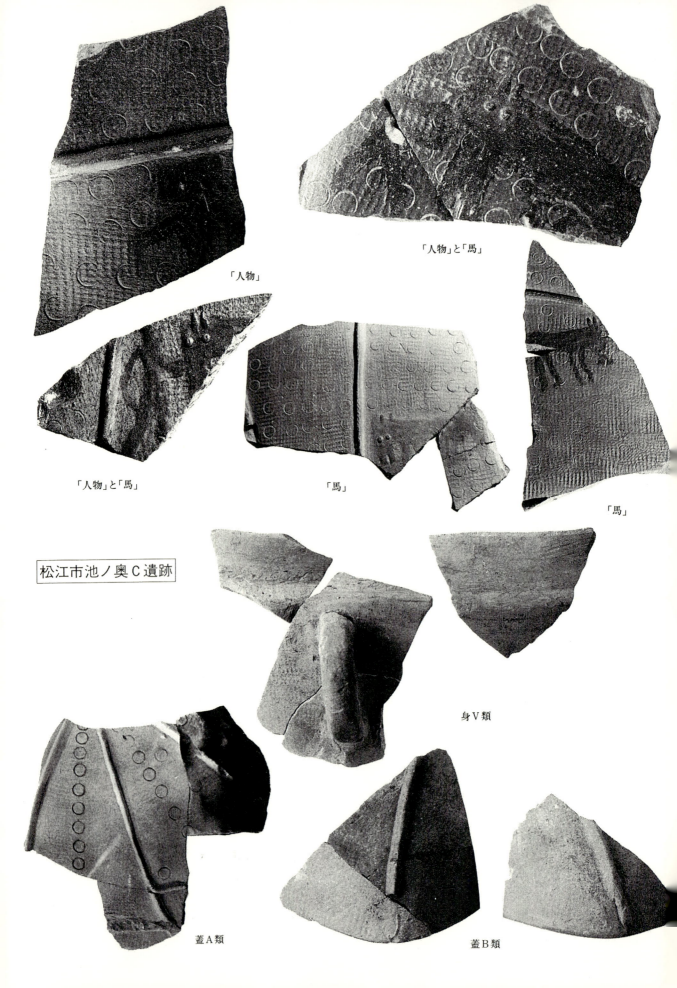

●最近の発掘から

古墳時代末期の特殊土器片——松江市池ノ奥 C 遺跡

岡崎雄二郎・瀬古諒子　松江市教育委員会

池ノ奥 C 遺跡は，松江市の中心部から東方約 6km の大井町に計画された東工業団地造成区域内にあり，造成区域の中央部を東西に細長く伸びる低丘陵上の東端近くに所在する。標高は約 37m である。

本遺跡の北側には，谷間を隔てた南斜面に池ノ奥窯跡群（6世紀後半代，8〜9世紀代）や7世紀代の祭祀遺跡の可能性のある池ノ奥A遺跡があり，南側の谷間には，7〜8世紀代の掘立遺構を検出したイガラビ遺跡がある。また，本遺跡の所在する丘陵中央部には池ノ奥1号墳（一辺 13m，高さ 1.7m の方墳，6世紀後半），その東斜面には横穴式石室を主体部とする同2号墳（直径約 10m，高さ 1.5m の円墳か？　7世紀代），丘陵西端の南斜面にはイガラビ古墳群（7基）がある。

調査前の 61 年9月，通常の甕片にまじって，須恵器の甕の体部に突帯を縦横につけ，その区画の内に直径 1cm ほどの竹管文を押した特殊な土器片がかなり採集さ

れていた。

1　調査の概要

遺構は溝1条，土壙 19 基を検出した。

溝は幅 0.6m，長さ 2m 以上，深さ 0.1m を計り，堆積土は黒褐色土で，遺物は突帯，竹管文付きの甕片に馬と人物を表現したものが出土した。

土壙は略方形のものが4基（一辺 0.5m〜1m），略長方形のものが5基（短辺 0.4m〜0.7m，長辺 0.7m〜1.8m），楕円形のものが1基（0.5m×0.6m），不整形のものが8基であった。これらのうち数基は互いに切り合って複雑な様相を呈していた。土壙中の堆積土はいずれも暗褐色土〜黒褐色土で，略方形のもののうち2基は内部に転石が重なり合って入っていた。遺物は杯片，甕片とともに各種の特殊土器片が各土壙の内外から多量に出土したが，土壙内に原形をとどめたものは全くなく，同一個体と思われる破片はかなり広範囲に分布していることがわかった。杯類は7世紀代のものから8世紀代の糸切り底のものまであり，他に把手付きの平瓶や円面硯，13世紀の青白磁の梅瓶の小破片も出土している。

2　出土遺物について

馬と人物を表現した土器片　その①　突帯による区画の内側に直径 1cm の竹管文を押した後，別種の粘土（黒泥か？）を塗り付けて裸馬を表現したものである。粘土の厚みは 1mm にも達しないが，両目は別に直径 2〜3mm，厚み 1mm ほどの円型の粘土を貼り付け，まん中に小さい孔をあける。

その②　同様の破片に馬を表現したものである。この馬は他の4体と異なり右方向をむいている。目と口の間には辻金具と思われる表現もある。この破片は①の破片に接合するが，①の馬を正常な状態に置くと②の馬は上向きになる。

その③　馬の左横に人物を表現したものである。人物の左胸と馬の前脚に利器（釘

図 1　周辺の遺跡
1池ノ奥 C 遺跡，2池ノ奥古墳群，3イガラビ古墳群，4池ノ奥窯跡群，5山津窯跡，6明智窯跡，7勝田谷窯跡，8別所遺跡，9薦沢 A 遺跡，10野津本宅裏古墳，11寺尾窯跡，12廻谷向垣窯跡，13ババタケ窯跡，14岩汐窯跡

様のものか)で鋭く打ち欠いたような形跡が認められる。

その④　馬と人物を表現したものである。人物は右手を腰にあて，左手を馬の顔にあてている。両足は異常に長いが，右手に何か棒状のものを持っているとみることもできる。

その⑤　四角い顔を持つ人物を表現したもの。目のつくりは馬と同じである。

馬と人物を扱った図柄については，装飾古墳の壁画や，岡山の美作町平福古墳出土の陶棺など数例あり，その意味するところはいろいろ研究されているようであるが，本例のように須恵器の表面に別種の粘土をうすく塗り付けてちがう色に発色させる手法は類例を知らない。分析の結果が待たれるところである。

その他の特殊土器片　これらを観察すると，蓋になりそうなものと身になるものとに分かれ，次のように類別することができる。焼きの硬軟はあれ，いずれも須恵質である。

蓋A類　円形。半径30cm以上。中心よりゆるやかに内傾しつつ下り，端部近くでさらにその度を増す。中心から放射状に8条の突帯を付け，その間に直径1cmの竹管文を一列に押す。端部近くでは竹管文の列が増加し，横方向の突帯が交差する。

蓋B類　四注式の陶棺の蓋に似ている。降り棟を表現する突帯の付く式のものと，突帯のないものの2種がある。

蓋C類　箱を伏せた形のもの。太目の突帯を側面と天井部の境にめぐらし，側面には縦方向の突帯を等間隔に付ける。突帯の各所に小円孔をあける。天井部は中心がやや隆起。

蓋D類　略長方形。長辺40cm以上。短辺30cm。中心部から端部にむかってゆるやかに傾斜する。中心から3cmの所に直径1.6cmの円孔を1つあける。

蓋E～H類　寄棟風，円形，長方形，隅丸方形と異なるが，いずれも内側に身の受部にあたる段を付ける点で共通する。H類のみ外面縦方向に突帯を付ける。

身Ⅰ類　円筒形。口径約40cm，高さ40cm以上。底部の形態は不明である。口縁直下から縦横に一定の間隔で突帯を付け，横方向の突帯には縦に透し孔をあける。

身Ⅱ類　箱形。長辺約40cm，高さ20cm余り，厚み1.5cm。

身Ⅲ類　口縁内側直下に段を付けるもの。

身Ⅳ類　一辺32cm，高さ20cmほどの隅丸方形。底部はやや丸味を帯びる。

身Ⅴ類　口径38.4cmの把手付き壺型。

身Ⅵ類　無頸壺。口縁端部は三角状に面取りしている。

身Ⅶ類　口縁が直立し，端部が平坦なもの。

身Ⅷ類　口縁外側直下に段を設けるもの。

身Ⅸ類　壺型で，頸部から口縁にかけて短く直立するもの。

現在類別し得たものは以上であるが，今後整理が進めば種類がさらに増えることが予想される。こうした器形のものは類例がほとんどないようであるが，一部岡山地方の小型陶棺や骨蔵器に類似した部分も見受けられるので，骨蔵器やその外容器であった可能性が十分考えられよう。

蓋と身のセット関係や，時期的な前後関係などは今後の検討を待たねばならない。

3　おわりに

61年度の調査で，本遺跡の北部にある池ノ奥6号窯の床面から，糸切り底の杯とともに幅広の突帯の付いた山型の特殊土器片が出土している。したがって前述の土器群が8～9世紀に大井地区の窯で焼成されたものであることは確かである。

本遺跡の所在する大井地区には，5世紀後半から奈良・平安期に至る一大古窯址群が形成されており，そうした窯業集団を統率した長の墓と目される古墳も前述したとおりかなり密に分布している。

この内，イガラビ1号墳では石室の内外から須恵質の陶棺の破片や塼が出土しており，吉備や畿内と何らかの政治的，経済的な交流があったことは容易にうなずける。

本遺跡出土の特殊土器片も，こうした対外的な交流の結果，大半のものは当地で考案され創り出されたものであろう。そのヒントになったものが，いわゆる陶棺や初期の頃の陶棺型骨蔵器ではなかったろうか。

ここで一つ問題になるのはその出土状況である。土壙の内外を問わずすべて破片で出土し，しかも同一個体の破片が10～15mも離れて出土している。後世の畑耕作の結果攪乱されたとしてもそれは上層についていえることであって，土壙内から破片として出土することの説明にはならない。破片として二次的に利用されたか，埋納からさほど時間を経ずして，何らかの理由で掘り出され小破片になるまで壊されて投棄されたのであるか，今後の検討を要する。

いずれにしても，イガラビ1号墳出土の陶棺，現在調査中の池ノ奥2号墳周溝出土の須恵質円筒形土器[1]などとも考え合わせ，一連の流れの中で本遺跡の遺構と遺物を位置づけ，検討を重ねていく必要がある。

註

1) 口径29.2cm，底径73cm，高さ128cmを計る。縦に7本，横に10本の突帯をほぼ等間隔にめぐらす。外面平行叩き，内面同心円押当具痕。周溝の溝底より出土したが，原位置ではなく，壊されて投げ込まれたもののようである。全体の1/3が欠損している。

連載講座
日本旧石器時代史
6. ナイフ形石器文化の編年と地域性

文化庁文化財調査官
岡村 道雄

● 編年と地域性の研究 ●

 考古学にとって時間の物指である編年はきわめて重要であり, 旧石器時代では石器で行なわれる。まず各地域の時間的枠組ができ, つぎに地域相互の関連が明らかにされれば, 種々の考古資料が時間と空間の中に位置づけられる。さらに考古資料の変遷が実態として解明されれば, それをとりまく他の要素と照合されて変遷の要因が歴史的に解釈されることになる。また地域差と地域間の関連の検討は, 相互の資料が同時代の所産であるという編年的な保証が必要である。とくに資料が不足していて前後の資料が連続的に捉えられていない場合は注意が必要である。

 編年作業に当っては, まず地域ごとに根幹となる事実の把握を進めるべきである。それは層位学的方法と型式学的方法を駆使して行なわれる。前者は, 一遺跡における層位の重複と一定地域に短期間に堆積したテフラ, あるいは自然環境の類似によって形成された黒色帯や古赤色土などを鍵層として地域の基本層序を把握し, 基本層序と出土資料との層位関係をもとに編年を組み立てていく方法である。昭和42年までに層位的出土例は, 全国で10か所ほどしか知られていなかった[1]。しかし, 昭和45年, 東京都武蔵野台地の野川遺跡の発掘で良好な層位と層位的出土例が確認されたことを契機として, その周辺地域で立川ローム層が10数層に細分され, 層位に基づく編年研究が大いに進展した。そして, 神奈川県の相模野台地, 千葉県の下総台地などの周辺地域をはじめ, 全国的に同様な研究の輪が広がった。

 なお立川ローム相当期でテフラが発達するとともに層位的に石器群が発見されている地域は, 北から挙げれば北海道の千歳・帯広周辺, 関東地方でとくに相模野台地, 静岡県の愛鷹山東南麓, 中国山地などがある。

 つぎに地域相互の関連は, 地域間にまたがるテフラを介在させて研究される。そのテフラが広域であればあるほど都合が良いことは言うまでもない。鹿児島湾北部を噴出源とする姶良 Tn 火山灰（AT）は, 平地で宮城県南部までも分布するきわめて便利な広域テフラである。

 ところで, 層序区分と石器の層位的出土例で編年が完成するわけではない。地域によってはテフラが分布しないばかりか, 更新世の堆積層の発達がきわめて悪い場合もある。そのような地域の編年は型式学的に進めるしかない。また層位的裏づけがある地域でも, ただ層位的に資料を羅列しただけでは, 編年ができたことにならない。一括の石器群を器種組成と各器種の型式, その基盤となる石器製作技術などについて各要素（属性）を構造的・総合的に捉えて, それらの序列を把握しなければならない。その上で年代的に有意な差やきわだった要素を抽出し概念化する作業が必要である。例えば, 横剥ぎによる剥片生産と急角度な鋸歯状の二次加工を背景にした「角錐状石器」, あるいは局部磨製石斧など特別なある器種, 瀬戸内技法など独特な剥片生産技術, さらには砂川型式期石器群[2]などと呼ばれる総体などがさまざまなレベルでの編年の指標となる。なお理化学的な年代の測定結果は, 相対的に作られた編年の枠組に, 統計的に導かれて時間の目安を与えるものであり, 個別的な資料の編年根拠にはならない。

● 全国各地石器群の編年と地域性 ●

 各期の石器群の特色を, これまでの各地の成

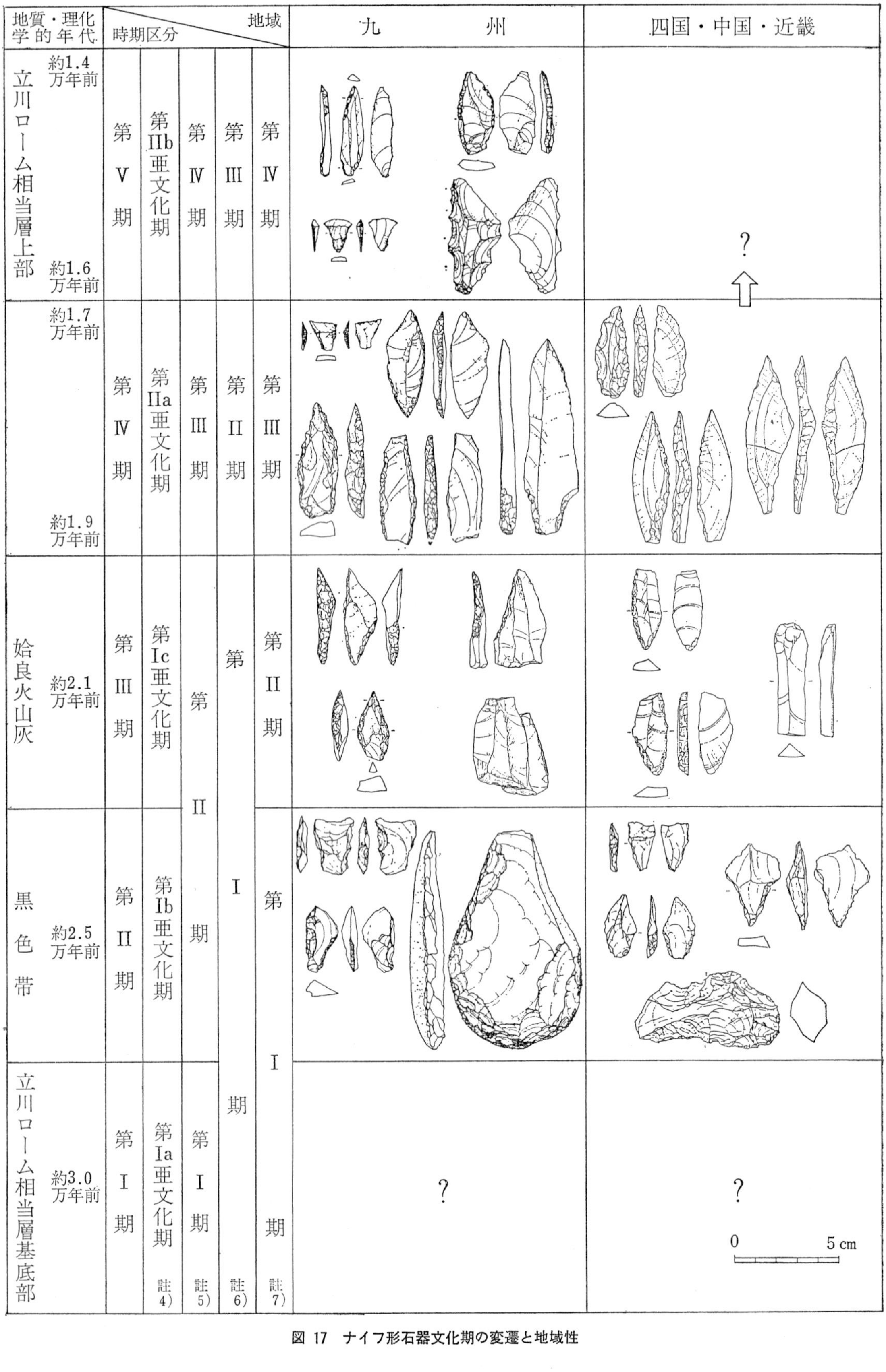

地質・理化学的年代	時期区分					九州	四国・中国・近畿
立川ローム相当層上部　約1.4万年前〜約1.6万年前	第Ⅴ期	第Ⅱb亜文化期	第Ⅳ期	第Ⅲ期	第Ⅳ期		？（↑）
約1.7万年前〜約1.9万年前	第Ⅳ期	第Ⅱa亜文化期	第Ⅲ期	第Ⅱ期	第Ⅲ期		
姶良火山灰　約2.1万年前	第Ⅲ期	第Ⅰc亜文化期	第Ⅱ期	第Ⅱ期	第Ⅱ期		
黒色帯　約2.5万年前	第Ⅱ期	第Ⅰb亜文化期	第Ⅰ期	第Ⅰ期	第Ⅰ期		
立川ローム相当層基底部　約3.0万年前	第Ⅰ期	第Ⅰa亜文化期	第Ⅰ期		第Ⅰ期	？	？
	註4）	註5）	註6）	註7）			

0　　　5 cm

図 17　ナイフ形石器文化期の変遷と地域性

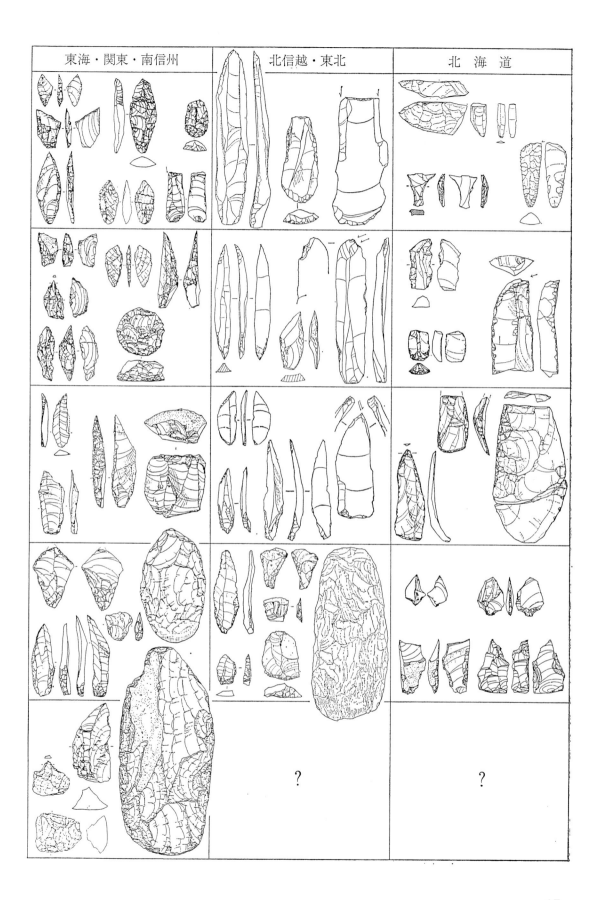

97

果[3~12]をもとに古い順に説明する。なお各期の特色が急激に消滅し，次期の特色と交代すると考える立場と，漸移的に入れ換るとする考えがある。たとえば，ナイフ形石器の終焉と細石刃の出現などについてである。また一定地域に広がっていたある石器群が，一様に同時に出現し終末を迎えたのか，それらに時間的な凹凸があったのかについても議論があろう。前者の問題は，遺跡や遺跡における石器集中地点の形成過程が明らかになり，後者はできるだけ短い時間幅で同時期に残された石器群が石器の型式学的な対比以外の指標で認識できるなど，今後の資料の蓄積とより詳細な研究が待たれる。

（1）第Ⅰ期

立川ローム相当層中最古の石器群で，武蔵野台地ではⅩ層中（鈴木遺跡御幸第1地点ではⅪ層と呼ぶ）に生活面がある。

不定形な小型剝片の角を一部加工した錐，剝片の一部に二次加工したり剝片を切断し粗雑な加工で台形に仕上げるナイフ状石器（粗雑なナイフ）が特徴的であり，楔形石器もややめだつが定型的な剝片石器はない。チョパー，チョピングトゥールなどの礫器が目立ち，東京都武蔵台遺跡で局部磨製などの石斧も伴うことが判明した。

剝片生産技術には，チョピングトゥール状に交互剝離するもの，求心的な剝離を進めるもの，平坦な打面から順次打点を移動して連続剝離するもの，90°の打面転移を頻繁にするものが出揃っている。しかし，粗割礫から不規則に不定形剝片を生産するものが目立ち，石刃技法はない。チャートが多用される。

かつて，これらは次期の石器群の一部と考えられたこともあった。しかし，類似資料が増加し，層位的にも古いことが明らかになりつつある。ナイフ形石器をもたない点，剝片生産が未熟であるなど以後の石器群と大きく異なる。しかし，約3.5万年前に残された座散乱木遺跡をはじめとする前期旧石器時代終末期の石器群が，典型的なスクレイパーを発達させ尖頭器をもち，安定した剝片生産をみせる。そして同様な石器群が多摩ニュータウンNo.471-B遺跡で発見され，関東地方にも広がっていたことが明らかになった。このように第Ⅰ期の石器群は前期旧石器とは異なるので，後期旧石器文化の初頭に位置づけるのが適当であろう。今のところ約3.0万年前のものと推定され

るが，関東の武蔵野・下総台地，栃木県，長野県などごく一部の地域でしか発見されていない。

（2）第Ⅱ期

立川ローム相当層の基底に近い黒色帯中に包含され，ATより古い石器群で今から約2.5万年前のものと推定される。

各形態のナイフ形石器が登場するが，量的には貧弱で刃潰し加工もやや粗雑である。とくに先端の尖る縦長剝片の基部に刃潰し加工を施したものが多い。ほかにこの期の前半を中心に局部磨製などの石斧が，各遺跡で1，2点であるが安定して特徴的に組成される。

剝片生産は，第Ⅰ期の技術組成を踏襲する。縦長剝片も目立つが石核調整技術も未発達で生産性も低い。これを祖型石刃技法と呼ぶことがある。関東の武蔵野・下総台地などで確認されているが，全国的な広がりは不明である。

なおこの期に併行あるいはこの時の後半に，不定形小型剝片に細かな典型的でない刃潰し加工を施した「立野ヶ原型ナイフ形石器」や切断・二次加工を施した台形様石器を主体とし，少数ではあるが寸づまりな縦長剝片の末端にスクレイパーエッジを作出したエンドスクレイパーやほぼ全面磨製を含む局部磨製石斧を特徴的にもつ一群が，富山県・秋田県で集中的に発見されている。剝片生産に当っては，石核調整がほとんどされず打面を頻繁に転移させ，長幅がほぼ同じ小型剝片を剝ぐものが主体となっている。残された石核は，チョピングトゥール状やサイコロ状を呈する。なおこの石器群は，九州・北陸・関東などでATより古いことが確認され，九州から北海道まで全国的に分布する。ただし前述した第Ⅱ期の石器群とは同時に存在し，両者の差は系統あるいは遺跡の性格によると考える場合と，前述の石器群が先行するとする説がある。

また一端に平坦な打面を設け縦長剝片を特徴的に生産し，それを素材として基部加工を施したナイフ形石器をもち，さらに寸づまりな剝片の側縁を折断したり腹面の基部に平坦剝離を施す「ペン先形ナイフ形石器」や台形様石器をもち，局部磨製石斧も組成する石器群がある。これは，ATの下あるいはAT混りの層に含まれ，前二者の石器群との前後関係は複雑である。

（3）第Ⅲ期

始良火山灰降下前後の石器群で，約2.1万年前

に位置づけられる。

　石核の打面調整や再生も含めた各種の調整が行なわれることが多くなり，黒曜石をはじめとする良質な石材を用いて真正の石刃技法が完成し，多量な規格性の高い縦長剝片（石刃）が生産される。このことと表裏をなして第Ⅴ期まで質量とも卓越するナイフ形石器主体の文化が盛行する。とくにこの期は斜め整形のされた二側縁加工のナイフ形石器が目立つようになる。類似した石器群が全国的に分布する。

（4）第Ⅳ期

　石器組成に新しく「角錐状石器」が加わり，九州から東北地方にまで分布する。さらに九州では剝片尖頭器，三稜尖頭器も出現し，東九州を除いて各種の台形石器が発達する。そして近畿・中国・四国を中心にして，この地域に豊富なサヌカイト（玄武岩質安山岩，讃岐岩）を用いた瀬戸内技法と呼ばれる，鳥が翼を広げたような横長の翼状剝片を連続的に剝ぎとる技法と，その翼状剝片に刃潰し加工を施した国府型ナイフ形石器が発達する。この系統の石器群は客体的にあるいは飛地的に，南は北西・東九州，北は北陸から山形県，東海・関東に分布する。また関東・東海を中心としても，角錐状石器とともに横長剝片を用いた切出形と剝片の端部を刃潰しした部分加工のナイフ形石器が特徴的であり，他の多様なナイフ形石器とともに認められる。また剝片を素材としたエンドスクレイパーが安定して組成されるようになる。そして石刃技法が相対的に陰をひそめる。石器の加工では，「角錐状石器」や鋸歯縁石器に用いられる鋸歯状剝離が顕著である。

　一方，北信越から東北には，硬質頁岩を用いて各種の石核調整技術を駆使した典型的な石刃技法が発達し，石刃を用いた杉久保型ナイフ形石器や

神山型をはじめとした彫刻刀形石器が特徴的である。しかし，石刃を用いたエンドスクレイパーはまだ発達していない。北海道でも同様に石刃技法が発達しているが，ナイフ形石器がなく全国的な後期旧石器文化とは著しい違いをみせている。石器組成にはエンドスクレイパー，ホロカ型彫刻刀形石器，舟底形石器があり，「前期白滝文化」と呼ばれている。

　約1.9〜1.7万年前の石器群で，最終氷期の最盛期をすぎて各地域に明瞭な差が生まれた。そして，これ以後継続する中部・関東以北と西日本という南北の二大文化圏が始まる（図18）。

（5）第Ⅴ期

　石刃技法が発達・盛行した。とくに東北では石核の上下両端に打面を頻繁に設け，大型の石刃を量産した。そして石刃を素材とした東山型と呼ぶ基部加工のナイフ形石器，典型的なエンドスクレイパー，小坂型などの彫刻刀形石器が大いに発達する。北海道でも前の時期から継続して石刃技法が発達している。道南の湯ノ里4遺跡では百花台型に近い台形石器が，峠下型細石刃核・細石刃とともに出土した。さらに東北のナイフ形石器文化終末期に峠下型細石刃核に似るものが散見される

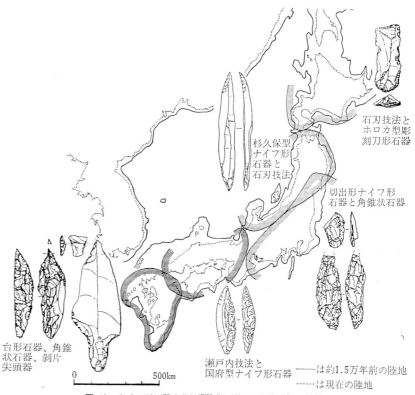

図18　ナイフ形石器文化第Ⅳ期（約1.7万年前）の地域差

ことからも，北海道では本州以南よりいち早く細石刃が生産され始めたと考えられる。この石器群には，荒屋型彫刻刀形石器が組成される。

関東・中部地方南部では，茂呂型と剥片の端部を刃潰し加工した部分加工のナイフ形石器，さらに後半には小型化した幾何形ナイフ形石器が卓越する。また少量であるが，小坂型などの彫刻刀形石器も伴出する。黒曜石製などの優美な木葉形・柳葉形の尖頭器も出土するが，地域と遺跡によって石器組成に占める割合が大きく異なる。北関東から中部地方では多量に出土する遺跡もあり，南関東では一般に少量である。また「東内野型尖頭器」が出現し，長野・群馬・千葉および南関東から東北の太平洋側を経て青森まで分布する。しかし，この期の終末を待たずして消滅してしまう。このような尖頭器の出現を新しい狩猟具の登場と評価して画期とする場合もある。なお東海・関東・信州南部で発達した斜め整形の二側縁加工の茂呂型ナイフ形石器は，東北にも影響を及ぼし，福島県の塩坪遺跡や三貫地遺跡原口地点，山形県弓張平遺跡でまとまって発見され，さらに北にも客体的に認められる。

ところで西日本では，瀬戸内を中心として瀬戸内技法とは異なる横剥ぎ技法から生産された不定形横剥ぎ剥片を素材とした「宮田山型」と，さらに小型化した「井島Ｉ型」ナイフ形石器を特徴とする石器群が行なわれていたとする考え方がある。しかし，これらあるいはその一部を第Ⅱ期の台形様石器が特徴となる石器群に併行させる意見も強くなってきた[13]。層位的出土例の少ない当地域では，型式学的にこれを国府系石器群の初源とみるか，退化と捉えるかが議論となる。九州では，石刃技法が発達し，細身の石刃の打面側と先端に刃潰し加工を施したものや，茂呂型に類似した九州型とも呼ばれる二側縁加工のナイフ形石器が，ノッチを含むスクレイパー類などと特徴的に出土する。ただし西北九州では，台形石器を継承し，百花台型と呼ぶ小型で典型的なものが発達する。

以上のようにこの期は，東西の二大文化圏がますます顕著になり，さらに各々の地域内においても地域性が顕在化している。

● 石器群の大別と差の解釈 ●

石器群の構造に関する特徴のうち時期差とみられるものを抽出し区分してきた。しかし，石器群の差をどのように評価するかで，変遷や地域性についての大別と細別の枠組は，さまざまに異なったものとなる。すなわち，器種組成の本質的な差たとえばナイフ形石器の有無や柳葉形などの尖頭器の出現，さらには石器製作の基盤となる剥片生産技術の特徴による区分，あるいは石器組成の偏りを重視したり石器の量などによって大別する方法もあろう。図17に各氏の行なった石器群の大別を示しておく。今後も編年作業を進め時間軸を確かなものにしていかなければならない。

編年が進めば，石器群変遷の原因，あるいは同時期での地域差，さらに同地域の同時期にみられる差などについて解釈する基盤が保証され，歴史的な解釈が進むであろう。それは各地域の地形・動植物による制約あるいはその変化にともなう生業の種類や形態（協業や季節性）の差，あるいは石材・骨角・木材の用いられ方の違いによる道具組成の差などさまざまな要因が考えられよう。しかし，具体的な解釈を進めるにはまだ遠い道程がある。

註

1) 芹沢長介「日本における旧石器の層位的出土例と¹⁴C年代」『日本文化研究所研究報告3』所収，1967

2) 田中英司「砂川型式期石器群の研究」考古学雑誌，69—4，1984

3) S. Oda and C. T. Keally 『Japanese Paleolithic Cultural Chronology』1979

4) 鈴木次郎・矢島国雄「先土器時代の石器群とその編年」『日本考古学を学ぶ(1)』所収，1978

5) 白石浩之・荒井幹夫「茂呂系ナイフ形石器を主体とした石器群の変遷」考古学研究，90，1976

6) 安蒜政雄「先土器時代の石器と地域」『岩波講座日本考古学5』所収，1986

7) 柳田俊雄「日本の旧石器―九州地方(2)―」考古学ジャーナル，268，1986

8) 松藤和人「西日本におけるＡＴ下位の石器群」国立歴史民俗博物館研究報告13，1987

9) 稲田孝司「中国地方旧石器文化の諸問題」岡山大学文学部紀要7，1986

10) 田村　隆「ナイフ形石器の地域相―下総台地における変遷過程」千葉県立房総風土記の丘年報9，1986

11) 藤原妃敏「東北地方における後期旧石器時代石器群の技術基盤」『考古学論叢1』所収，1983

12) 山田晃弘「北海道後期旧石器時代における石器製作技術構造の変遷に関する予察」考古学雑誌，71—4，1986

13) 平口哲夫「横剥ぎ技法の諸類型（その1）」太平臺史窓，6，1987

書評

石村喜英 著

日本古代仏教文化史論考

山喜房佛書林
B5判　480頁
18,000円

『武蔵国分寺の研究』(1960)および『梵字事典』(共・1977)などの著作で知られる著者の日本仏教文化史の研究は，その方法に文献史学・考古学の手法を真正面よりとりいれたものであり，日本の古代仏教研究に多くの労作を問うてきた。大正大学の史学科において仏教史学を学んだ著者は，その後，内藤政恒・原田良雄・宇野信四郎・織戸市郎などの同好諸氏とともに歴史考古学に着目して歴史考古学研究会（→日本歴史考古学会）を組織し『歴史考古』誌の編集刊行に主体的に係わり，関係学界に寄与してきたところである。

近年，古稀の寿を迎えられた著者は，すでに公けにした多くの論文中より厳選して一書を編んだ。『日本古代仏教文化史論考』がそれである。

既往の研究を顧みて著者は，本書の「序篇―研究の方途と目的―」において，次のごとき感慨を漏らされている。

「歴史考古学または仏教考古学分野にあっては……文献を無視することは自滅に等しい」ものであり，「考古学の分野にあっても遺跡，遺物とともに，文献史料も加えて，これらの何れもが主，三者は常に同等の立場で処理されなければならない」と。

このような立場にたって執筆され，本書に収められた諸論文は，仏教考古学関係と文献史学関係という「二つの部面を併せ包蔵し……両部面重視の方途」を明らかに示したものである。本書の書名を『日本古代仏教考古学論攷』と考えられたと言う想いも以上に基づいている。

本書は，3篇に大別されている。第一篇は古代寺院の研究（古代寺院とその遺物―1天武紀の「毎家作仏舎」私考，2下野薬師寺創立の年代，3下野上神主廃寺と人名瓦考。初期寺院構成施設の研究―1政所の構成と機能，2寺院跡における溝と築地，3古代の造瓦組織に見える「瓦長」の性格。定額寺の研究―1定額寺の名称と性格，2定額寺の性質とその始源，3奈良時代における定額諸寺考，4平安時代における定額寺の展開と変容）。

第二篇は仏僧伝の研究（古代僧伝の研究―1僧道昭伝の基礎的考察，2行基の弟子列伝と一・二の問題。古代僧尼の生活研究―1山寺における僧尼の生活，2奈良時代における梵字梵文の伝来と学習，3生活資料としての陶硯と古瓦硯）。第三篇は古代火葬の研究（古代火葬の初現―1初期火葬の展開と始源，2僧道昭の火葬をめぐる諸問題。古代火葬墓の研究―1火葬墓の形態的考察，2蔵骨器の一・二の形態）より編成され，付載論文（1定額寺研究史抄，2火葬墓とその問題点，3仏葬の変遷）がつけられている。さらに巻尾には「結語」が配されている。

このように収録論文を羅列的に紹介してくると，そこには，考古学・文献史学の両面よりの当該テーマに対する研究が意欲的に試みられていることが知られよう。ただ，第二篇の大部分および第一・三篇の一部論文は，明らかに文献史学の論文であるが，関係する論及問題については随所に考古学的な問題もあわせ検討されている。

第一篇所収の所謂"毎家作仏舎論"は，家永三郎氏（古くは虎関師練・本居宣長説）などの「諸国の個人の私宅における仏宇」解釈説を排して「官家の仏宇」と解したものであるが，その際，7世紀の後半（686年3月の頃）における地方庶民の住居構造を考古学的所見より竪穴と指摘し，竪穴住居中に「仏舎」の存在を否定したごとき所論は，文献解釈一辺倒でない著者の姿勢がよくあらわれている。このような方法を一貫してきた著者の研究は，古代寺院の実態の一斑を文献・物質両資料の検討より明らかにし，また，古代火葬のあり方を文献を援用しながら論じるところがあった。

一方，著者がもっとも力を入れた定額寺に関する研究は，古代仏教史上における大きな研究課題であるが，積年にわたって関係の史料を博覧し，独自の見解に到達したものであり，第一篇第3章所収の4論文は，まさに定額寺研究の白眉の成果と言うことができるであろう。

かつて著者は，武蔵国分寺を研究テーマと定め，それに関連して東国の古代仏教史を考古学的視点より究明し大きな業績を挙げてきたことは周知の通りである。そこには，文献史学の方法を基底にすえながらも考古学的方法を加味する方法論が展開されている。その博識は，かの梵文研究が示すごとく古今東西の仏教に通じ，本書所収以外にも多くの関連著作を公けにされてきた。とくに，瓦塔に関する研究は，墳墓標識説として学界に知られている。今後ともますますご自愛のうえ，瓦塔の総括研究の公刊を期待したいと思う。

以上のごとく，本書は著者の長年にわたる業績の一端を一書にまとめたものであり，仏教史・仏教考古学界に一石を投じたものと言うことができよう。識者の繙読を願いつつ紹介の筆を止めたい。

（坂詰秀一）

書評

末永雅雄 著

はにわ読本

雄山閣
四六判 294 頁
2,800 円

『はにわ読本』と改めて刊行された本書は，著者の末永雅雄博士がその序でふれておられるように，戦後の混乱が続く昭和22年に出版された古文化叢刊『埴輪』の復刊の書である。とはいうものの，単なる複刊の書ではないことは，この書を開けば瞭然としている。この書は，初版が刊行されて，38年有余の年月を過ぎて，先生が初版本にたいして推敲を重ねられ，改めて埴輪研究の総括をされた書なのである。それは単に文章を吟味し文を簡潔にし，平易に改めたというだけのものでない。戦後，めざましい発達をとげている考古学研究の成果を踏まえて，全面的に文章には手を入れ，それを捨象し，長年の考古学研究によって確立された先生の歴史観を説いておられるのである。『はにわ読本』という書名に変えた考えの基本には，おそらく埴輪という古墳時代の考古学的資料の実体には，研究の内容が精緻にはなっているものの，それが現象的事実の追求のみでは迫り得るものではなく，他の学問の考え方や成果をも視野に据えなければ不可という考えがあってのことだと思う。"読本"とは単なる読み本でもなく一般向きの入門書という考えでのものでもないことは，序に「一つの視野を開いてくれた人があった。…中略…私に『経済三原則』として教えて下さった。それは原料・生産・需要の三つは人間生活の必要に応じて動き，この三者の動きは固定しない。」と，先生の研究活動に大きな影響のあったものとして経済学上の原則的考え方を卒直に紹介しておられることからも容易にわかる。日本の考古学界を代表する碩学の，埴輪研究はいかにあり，今後，いかにあるべきかを総括する。そういう意味をもたせているものではないかと，本書を読まれるものなら誰れでもが思うに違いない。

ところで，本書の構成であるが，それを紹介するにあたっては，初版本の内容を無視することはできない。本書は，初版本と対比するかたちで読まれると，埴輪研究史，とりわけ戦後の埴輪研究の歩んできた状況がきわめて明確に理解できるからである。

初版本は，今ではほとんど手にすることは不可能と思われるので，本書と対比する参考のために目次だけでも紹介するとしよう。第一節埴輪と伝説，第二節㈠古墳での在り方，㈡古墳以外の出土，第三節形のいろいろ，第四節埴輪の起源，第五節発達と退化，第六節埴輪の終末，第七節むすび，という構成である。それに埴輪文献抄を付し，単行本 34 件，雑誌などの短篇報文など192件，英文など文献4件を採録している。この初版本の目次を見るだけでも，戦後上梓されている多くの埴輪関係概説書などが，その成果を踏まえ，あるいは，それにならっているのにも気づくのである。初版本は，まさに戦後の埴輪研究のスタート台ともなったものであり，それは戦前の埴輪研究の総まとめといってよい書であったのである。

それを改定する形で上梓された本書には，序にも記されているように，末永先生の戦後 38 年有余の研究活動の道程を先生自からがまとめておられるということに，まず学究にたずさわるものとして敬服せざるを得ない。と同時に，碩学の先生の目から見た埴輪研究の現状がどういうものであるのか，大きな指摘をいただいているように思われてならないのである。事実，埴輪研究のあり方に，文章は平易にしながらもきびしく洞察しているところが各所に見られる。紙数がないので，その一部にしかふれられないが，埴輪ことはじめ，古墳でのあり方，形のいろいろ，埴輪への観察，高塚とともに去る，の5節から目次を構成し，埴輪文献抄には502件を採録している。文献採録数にいたっては初版本の230件にたいして272件の増となっている。それらの大部分が戦後約 40 年の研究の歩みを示すものである点もさることながら，実証的研究を絶対とされておられる先生の資料重視の姿勢の基本を示しており，教えられるところが多い。

そのような資料重視の実証的態をもって埴輪研究にあたってこられた先生が，第一，埴輪ことはじめのなかで，埴輪研究史の上では土師氏の氏族顕彰とされる記紀の伝承にたいして，単に伝承として否定の立場を取らずに「…土師連の祖先を顕わすためだと一概に決めてかかるわけにもゆかない」とし，殉死や殉葬がどの程度に行なわれていたか，それが埴輪の伝説や古墳づくりに「どう結ばれるかというような点が埴輪の研究でもっと深く検討されなければならない問題として残されてあるのではないだろうか。」と指摘しておられるところなど，私にはきわめて示唆に富んだものとして読めるのである。

学史や研究史がいかに大切なものか。本書は，まさに「埴輪研究の基本」ともいうべきものであり，碩学が説く叱正の書といえないだろうか。埴輪研究を志すものばかりでなく，考古学研究の徒には初版本と併せ読まれることを期待する。　（梅沢重昭）

論文展望

選定委員（敬称略・五十音順）　石野博信　岩崎卓也　坂詰秀一　永峯光一

織笠　昭

殿山技法と国府型ナイフ形石器

考古学雑誌　72巻4号
p. 1～p. 38

一地域に多量に分布する特徴的な型式が他地域においてわずかずつ分布するとき，そこにどのような技術的変容が生ずるのだろうか。考古学研究に普遍的なこのような問題に迫るため，日本先土器時代の主要石器のひとつである国府型ナイフ形石器に材を得たのが本論である。国府型ナイフ形石器は瀬戸内海沿岸域を分布の中心とするが，北は山形県から南は九州まで広く散在している。南関東でも埼玉県上尾市殿山遺跡をはじめとする数遺跡がある。瀬戸内海沿岸域では瀬戸内技法による翼状剝片を素材とすることが主であるが，南関東ではどうか。この問題を解明することなく，冒頭の課題を果たすことはできない。

初めに瀬戸内技法の定義を検討し，他地域との比較に際しては個別の技法のみならず，石器文化を構成する技術全体としての理解の必要性を指摘した。次に国府型ナイフ形石器に伴う南関東の石器製作技術の特性を論じた。わけても剝片剝離過程第6類が南関東における国府型ナイフ形石器の技術的背景であり，これを殿山技法として呈示した。殿山技法と瀬戸内技法の共通点と相違点は，異なる方法によって共通する石器形態の作り得ることを示している。そして殿山技法約68°，瀬戸内技法約45°という刃角の大きな差は，国府型ナイフ形石器の地域差を表徴している。また瀬戸内技法による翼状剝片がナイフ形石器の素材供給を主とするのに対し，殿山技法では

より多様な石器の素材がもたらされる。殿山技法と瀬戸内技法とはひとつの石器製作としての相違のみならず，石器組成を支える技術構造の相違としても認識されるのである。

殿山技法と国府型ナイフ形石器とが結び付くまでの過程とその背景については別途の機会に論ずることになるが，先土器時代研究はこれまでの蓄積を支えとし，いまあらためて石器文化と技術との関係を問いなおそうとしている。

（織笠　昭）

山本暉久

敷石住居終焉のもつ意味

古代文化　39巻1～4号
p. 1～23, 1～20, 1～13, 1～20

敷石住居址と呼ばれる特異な遺構が，縄文時代中期終末から後期中葉にかけての時期に，関東から中部山地の内陸地帯を中心に多数発見されることは良く知られている。しかし，この敷石住居址なる遺構がはたして住居であるのか，あるいは住居ではなく，なにか特殊な施設・構築物であるのか，といった点は，大正14年（1925）に町田市高ヶ坂遺跡から，この種の遺構がはじめて発見されて以来，60年以上も経過した今日においてさえ，いまだ一致した見解に立っていないのである。筆者はかつて中期後半から中期終末・後期初頭期にかけて出現をみた敷石住居の出現のプロセスをあとづけながらこの種の遺構を当時の一般的な住居形態と捉えないかぎり，そうした特異な住居形態を生み出した時代的特性を明らかにしえないということを主張したことがある（古代文化，28―2・3, 1976）が，こうした考え方に対しては，いまだ多くの異論があることも事実であ

る。

本稿は旧稿では取り扱わなかった敷石住居址の変遷の後半段階，すなわち後期前葉から末葉における敷石住居のありかたについて分析を試み，敷石住居が終焉するに至った時代的特性を明らかにしようとしたものである。そこで明らかとなったように，敷石住居は後期段階に入っても，中期末以来の地域的な分布の特性を維持しつつ他の敷石をもたない竪穴住居の形状変化と軌を一にした変化を遂げているのである。詳しい点は本稿に譲るが，後期以降の敷石住居はそのプランが，円形から方形へと変化する傾向がみられること，また，敷石住居の最大の特徴である張出部が，それまでの長柄形から凸字状に変化し，柄鏡形とはいいがたくなるのである。今のところ確実な敷石住居の終末段階は不明な点が多いが，後期中葉・加曽利B式期段階で環礫方形配石遺構と呼ばれているような特異な配石行為をも生み出しつつ終焉を迎えたものらしい。　（山本暉久）

松井和幸

日本古代の鉄製鍬先，鋤先について

考古学雑誌　72巻3号
p. 30～p. 58

日本古代の鉄器の中には，木製の鍬や鋤の刃先としてそれらの木器に着装して使用したと考えられる鉄器がある。弥生時代後期に出現する方形の鍬・鋤先と，古墳時代（5世紀前半）に出現するU字形の鍬・鋤先である。

方形鍬・鋤先は，長方形鉄板の両端を折りまげて着装部としただけの簡単な鍛造方法によって製作した鉄器であり，弥生時代後期中頃の北部九州地方の集落遺跡を中

心に出現してくる。U字形鍬・鋤先は刃先がU字形をしたもので，内側にV字形の溝がついており，近年まで使用されていた風呂鍬・風呂鋤の刃先とほぼ同様の形態をしている。前者は日本列島内でつくられた鉄器であるが，後者は朝鮮三国時代新羅の古墳に出土例があり，この方面に起源を有する鉄器と考えられる。

本稿では方形鍬・鋤先からU字形鍬・鋤先へ変化してゆく過程を追究し，当時の鉄器製作技術の変化なども合わせて考えてみた。

1. 方形鍬・鋤先もU字形鍬・鋤先も鉄製の刃先部のみからでは鍬先であるのか鋤先であるのかの区別はつかない。木製の身をつける段階ではじめて機能が限定されたと考えられる。

2. 方形の鉄製刃先を着装した木製農耕具は土木開墾用具として威力を発揮したと考えられるが，普及率はわずかであり，当時貴重な農耕具であった。

3. U字形鍬・鋤先は5世紀前半に出現してくるが，2枚の鉄板を鍛接してV字形の溝を製作していると考えられ，こうした鍛接という新たな鍛造技術が朝鮮半島方面から伝わってきてはじめて製作が可能となったのである。この新たな鍛造技術によって他の鉄器も同時に大きく変化していった。

記紀には倭鍛部と韓鍛という2種類の鍛冶集団が記載されているが，U字形鍬・鋤先の出現は後者の渡来を物語っているのであろう。
　　　　　　　　　　（松井和幸）

中井　均

中世城館の発生と展開

物質文化　48号
p.54～p.72

近年における中世城館の研究は現存遺構より見た縄張り論が盛んで，その縄張りによる編年作業や機能論も進行中である。加えて中世城館の発掘調査も増加しており，地表面では観察することので

きなかった事実が明らかになっている。本稿では西日本における19ヵ所の館遺跡の遺構を検討材料とした。

まず館発生の要因を荘園に求め，初期館は律令制，荘園制に変わる権力機構—武士団—の在地における新しい中心機構と位置づけし，形態，構造は旧権力のものを踏襲して成立したと考えた。荘園遺跡には確認されていない大溝（堀）の掘削は初期館の場合は長原遺跡や上久世城内遺跡の堰状遺構などから，田畠への水利を目的とするものであった。しかしその後の方形館の発展過程は防御的色彩を濃くしていく。つまり赤野遺跡では堀に屈曲が萌芽し，永町ガマノマガリ遺跡では明らかに堀の屈曲（横矢掛）が認められ，花崎遺跡では「馬出し」や畝堀が出現する。つまり館が平地で発展したものは平城と呼ばれるものに変化するわけである。

また方形館のプランがそのまま舌状台地端に移行するものがある。大内城跡がその代表的なタイプで，後の山城の祖形といえよう。このように方形館と中世城郭に断絶はなく，同一系譜上で継続して発達していくものと考えられる。

新権力としての武士団は在地における私的暴力機構であり，それは地域社会との結合なしに語ることはできない。ここに平地や微高地に占地する中世館の姿が理解できよう。山城，平城への発展は在地小領主の枠を越えた，中央的暴力の結果であり，この斗争の広域化が結果として，山城を発達させていったのであろう。
　　　　　　　　　　（中井　均）

吉岡康暢

中世陶器の生産経営形態

国立歴史民俗博物館報告　12
p.39～p.100

小文は北海道南部を包括する北東日本海全域に商圏を開拓した，

珠洲窯の群構造および器種組成の推移と，文献史料の整合的検証を試み，陶工の存在形態とそれを統括した経営者像への接近を意図した。さらに，戦国時代珠洲窯に代り越前窯が当該商圏を制圧する理由を，生産組織の観点から究明しようとしたもので，次の4項よりなる。

　序記　1窯跡の分布と群構成　2珠洲窯の生産経営形態　3室町後期越前窯の動態　4珠洲窯の終焉　結言

まず，1・2では，(1)珠洲窯跡が「郷」を単位とし5支群が散在する反面，珠洲郡は若山庄域に限られ，かつ庄領主日野家祈禱所法住寺白山社の所在する直郷に大半が偏在し，全期間継起的に稼動したこと。(2)量的拡大再生産がピークに達する14世紀代にも器種別分業体制が未発達で，経営単位も小規模・分散的であることから，臨海小河川に生産基盤をおく刀禰級土豪的有力名主層を直接の経営主体と推定した。工人像は不分明なものの，農・漁・塩業，海運など多角的な経営体に包摂され，その商品経済活動の一環としての農閑副業形態が想定される。おそらく，法住寺は彼らの焼山用益を承認し一元的に統括する立場にあったのであろう。

次に3・4では，広域流通圏の掌握をめぐる競合が激化し，廉価な製品の量産と特産品化の同時的達成を要請された15世紀後半代に至り，珠洲窯は鉄砲窯の採用と片口鉢の集中生産を行ない，量産確保に一定の対応をみせながら，いぜん土豪的名主経営に足場をおいたがゆえに廃絶したこと。他方，越前窯は，甕・鉢の規格的量産と多様な器種・法量の分化を可能にした，惣村的経営への転換によって生産組織の集約化を図り，敦賀の新興廻船業者＝問屋制商業資本による日本海上権の掌握と結びついて，独占市場を獲得したと予測する。
　　　　　　　　　　（吉岡康暢）

文献解題

岡本桂典編

◆**Windows on the Japanese Past : Studies in Archaeology and Prehistory.** Editer Richard J. Pearson. Coeditors Gina Lee Barnes Karl L. Hutterer Center for Japanese Studies. The University of Michigan 1986年 Ａ４判 629頁
Background
Introduction
　　　　……… Richard J. Pearson
Vegetation in Prehistoric Japan : The Last 20,000 Years
　　　　……………Matsuo Tsukada
Almost Archaeology : Early Archaeological Interest in Japan ……………Peter Bleed
Race, Language, and Culture: Japanese Identity
Introduction
　　　　……… Richard J. Pearson
The Origin of the Japanese in Relation to Other Ethnic Groups in East Asia
　　　　……… Hanihara Kazurō
Physical Anthropology of the Prehistoric Japanese
　　　　…………… W. W. Howells
Linguistic Evidence and Japanese Prehistory
　　　　………Roy Andrew Miller
Relationships between Japan and Asia in Ancient Times : Introductory Comments
　　　　…………Higuchi Takayasu
Mounded Tombs in East Asia from the 3rd to the 7th Centuries A. D.
　　　　……… Okauchi Mitsuzane
Continental Culture and Hokkaido ……Kikuchi Toshihiko
Convergence and Common Heritage : Some Parallels in the Archaeology of Japan and Western North America
　　　　……C. Melvin Aikins and
　　　　　　　Don E. Dumond
Introduction

　　　　……… Richard J. Pearson
Prehistory, Culture History, and Society
The Paleolithic
Introduction
　　　　……… Richard J. Pearson
The Paleolithic Age of Japan in the Context of East Asia: A Brief Introduction
　　　　………… Serizawa Chōsuke
Late Pleistocene and Early Holocene Technologies
　　　　……… Fumiko Ikawa-Smith
The Jōmon
Introduction
　　　　……… Richard J. Pearson
The origins and Characteristics of Jōmon Ceramic Culture : A Brief Introduction
　　　　…………… Esaka Teruya
Community Habitation and Food Gathering in Prehistoric Japan : An Ethnographic Interpretation of the Archaeological Evidence
　　　　……… Watanabe Hitoshi
Clay Figurines and Jōmon Society
　　　　…… Nagamine Mitsukazu
Jōmon Shell Mounds and Growth-line Analysis of Molluscan Shells…Koike Hiroko
Discriminant Function Analysis of Later Jōmon Settlements……Akazawa Takeru and
　　　　　　Maeyama Kiyoaki
Rules of Residence in the Jōmon Period, Based on the Analysis of Tooth Extraction
　　　　………… Harunari Hideji
The Yayoi and Kofun
Introduction
　　　　…………Gira Lee Barnes
The Evidence for Social Change between the Early and Middle Yayoi
　　　　……… Kanaseki Hiroshi
The keyhole Tumulus and Its

Relationship to Earlier Forms of Burial…Kondō Yoshirō
Political Interpretations of Stone Coffin Production in Protohistoric Japan
　　　　………………… Wada Seigo
Two Inscribed Swords from Japanese Tumuli : Discoveries and Research on Finds from the Sakitama-Inariyama and Eta-Funayama Tumuli
　　　　……Anazawa Wakou and
　　　　　　Manome Jun'ichi
Reflections on the Development of Historical Archaeology in Japan……Yamamoto Tadanao
Cultural Contacts between Japan and China as Reflected by Tang Sansai
　　　　………… Kamei Meitoku
Typological Studies In Japanese Archaeology
Introduction
　　　　…………Karl L. Hutterer
A Study of Late Early Jōmon Culture in the Tone River Area ………Nishimura Masae
The Structure of Yayoi and Haji Ceramic Typologies
　　　　…………Gina Lee Barnes
Japanese Cultural Resource Management
Introduction
　　　　……… Richard J. Pearson
Problems concerning the Preservation of Archaeological Sites in Japan
　　　　…………… Tsuboi Kiyotari
Trends in Administrative Salvage Archaeology
　　　　………… Kobayashi Tatsuo
◆**中近世土器の基礎研究Ⅱ**　日本中世土器研究会　1986年12月　Ｂ５判　226頁
10・11世紀の土器・陶磁器―第4回研究集会の総括―…宇野隆夫
関東地方における平安時代後期の土器様相…服部敬史・服部実喜

105

篠窯跡群について―10・11世紀を中心にして―
　　　………水谷寿克・石井清司
和歌山県における9〜11世紀の土器―紀伊にみられる律令的土器様式の終焉と中世的土器様式の成立―………………武内雅人
畿内の黒色土器（1）……橋本久和
伊賀の瓦器に関する若干の考察
　　………………………山田　猛
畿内産瓦器からみた中世の流通
　　………………………荻野繁春
中世土器の生産と流通…脇田晴子
中国・朝鮮陶磁器の流通について
　　………………………森田　勉
瀬戸・美濃窯の流通について
　　………………………井上喜久男
滋賀県における古代末・中世土器
　　………………………森　隆
晩唐から北宋時代の中国陶磁出土状況の定量分析………土橋理子
京都の土師器生産と搬入土師器
　　………………………百瀬正恒
平安時代中・後期の畿内の土器組成（1）―滋賀県における畿内型土器の動向―………堀内明博
平安時代の緑釉陶器―平安京近郊の生産窯について―…百瀬正恒
中世都市遺跡の構造と土器研究への期待―あとがきにかえて―
　　………………………鈴木重治

◆香川三線遺跡―苫前町文化財調査報告書第1輯　北海道苫前町教育委員会刊　1987年3月　B5判　349頁

北海道の北西部，苫前町を流れ日本海に注ぐ古丹別川右岸に位置する9〜10世紀にかけての集落遺跡。検出された遺構は，79軒に及ぶ擦文土器を伴出する竪穴住居跡と2ヵ所の炭化物集積跡である。17,000点に及ぶ擦文土器と74点の紡錘車のほか，青森県五所川原市前田野目窯跡のものと考えられる須恵器片，擦文農耕に係わる鉄鎌などが検出されている。自然遺物についても積極的な分析が実施されており，当時の集落の様相につき良好なデータを提示している。

◆境関館遺跡―青森県埋蔵文化財調査報告書第102集―　青森県教育委員会刊　1987年3月　B5判　349頁

津軽平野の中央部を流れる平川の左岸に位置する館跡。館跡は東に平川と接し，天然の要塞を呈しており，郭は6郭で構成されている。掘立柱建物跡23軒・竪穴遺構56基・堀6基・厨房施設と考えられるかまど遺構129基・井戸45基・溝38条・土坑173基・堀橋桁が検出されている。13世紀前半〜15世紀後半に位置づけられている。出土陶磁器類は，珠洲・瀬戸・越前，舶載品の青磁・白磁・青白磁・染付・朝鮮陶磁がある。ほかに武具などの鉄製品・和鏡・古銭などの銅製品，板碑・石臼などが出土している。当期における館の構造や生活様式を考える上で貴重な資料を提示している。

◆妙正寺川 No. 1 遺跡　妙正寺川 No. 1 遺跡調査会刊　1987年3月　A4判　本編299頁　自然科学分析編　170頁

東京都新宿区・中野区の妙正寺川中流低湿地に立地する遺跡。全国的にも類例の少ない，旧石器時代の河川敷上における生活痕跡が確認されており，共伴した木材の ^{14}C年代は約30,000年B.P.である。縄文時代早期井草式から後期安行II式までの土器と，これに伴う石器，土坑などが検出されている。縄文時代の生業活動の痕跡としてクリ・アカメガシワなどの種子化石が確認されている。また埴輪片2点が検出され，本遺跡付近における後期古墳の存在が考えられる。ほかに近世に比定される水田跡および同期の遺物を集中的に廃棄した遺構が確認されている。自然遺物の詳細な分析も実施されており，この地域における良好な資料を提示している。

◆籠峰遺跡発掘調査概報　新潟県中頸城郡中郷村教育委員会刊　1987年3月　B5判　31頁

新潟県の南西部，高田平野の南にある妙高山の北東斜面標高330mに位置する遺跡。検出された遺構は，縄文時代後〜晩期の配石・土坑・埋甕・柱穴・住居跡などで，各遺構は地区割がなされてい

る。配石遺構のうち石棺状遺構が80基検出されている。遺物は土製円板・耳飾・石棒・石剣・石刀・石冠が多数検出されており，祭祀的な性格を有する遺跡である。

◆大鳳寺跡発掘調査報告―宇治市文化財調査報告第1冊―　宇治市教育委員会刊　1987年3月　B5判　172頁

京都府宇治市東部の巨椋池の東南部南端に位置する寺跡。伽藍配置は，法起寺式伽藍配置が想定されており，検出された中心伽藍は瓦積基壇をもつ金堂のみである。創建は白鳳時代で，8世紀の中頃と9世紀前半に2度の改修が行なわれている。創建瓦は川原寺式のもので，鬼瓦・鉛釉陶器片などが出土している。大鳳寺は，宇治氏により建立されたと考えられる。

◆岡山県総社市緑山古墳群　総社市文化振興財団刊　1987年3月　B5判　119頁

岡山県総社市の東南部に広がる三須丘陵の北西の小丘陵に営まれた後期古墳群。調査された古墳は第1・4・6〜8号墳である。1号墳は6世紀後半，4号墳は6世紀後半〜7世紀初頭，6号墳は6世紀中葉，7号墳は6世紀後葉，8号墳は6世紀後半〜末に比定されている。6号墳からは2ヵ所の木棺の痕跡が確認されており，7世紀初頭まで追葬が認められる。

◆若杉遺跡・机張原女莬近世墓地―九州横断自動車道建設に伴う発掘調査概報（湯布院―大分間）大分県教育委員会刊　1987年3月　B5判　26頁

大分県の東部に位置する2遺跡の調査概報。若杉遺跡は標高620mに位置し，弥生時代後期末の土器片が出土しており，一時的な生活場と考えられる。机張原女莬近世墓地は18〜19世紀にかけて営まれた墓地で，葬祭場施設の棺台・六地蔵・一字一石塔・石幢・非塔形の墓標が認められる。近世墓地のあり方を示す良好な資料である。

◆狸谷遺跡―熊本県文化財調査報告第90集―熊本県教育委員会刊　1987年3月　B5判　320頁

熊本県中央部 を流れる球磨川の支流，西川内川の右岸丘陵に位置する先土器時代から縄文時代早期の複合開地遺跡。先土器時代については，ナイフ形石器を主体とする文化層が2層確認されている。縄文時代早期の集落として，竪穴住居跡8軒・石組炉9基・配石土坑4基・土坑10基が検出されている。狸谷Ⅰ石器文化は，ナイフ形石器27％に対し，磨石・敲石が19％を占めるが，狸谷Ⅱ石器文化においては，ナイフ形石器43％に対し磨石・敲石が5％と大きく変化している。縄文時代早期の遺物は押型文土器が中心であり，居住地と作業地の区別が認められる。

◆**北海道考古学** 第23輯 北海道考古学会 1987年3月 B5判 116頁

石附喜三男教授追悼特集
追悼……………………大場利夫
石附君と「桜井第一・第二型式」
　………………………桜井清彦
石附喜三男さんを偲んで
　………………………米村哲英
チャボアヤメと石附擦文編年
　………………………野村　崇
石附喜三男と蝦夷考古学
　………………………菊池徹夫
石附氏を偲ぶ……………出村文理
古墳文化と蝦夷文化―擦文土器の
　検討を中心として―…千代　肇
擦文文化試論―石附喜三男氏への
　手紙―…………………斎藤　傑
北方地域における開窩式鋸頭について（1）…………宇田川　洋
擦文文化における「物送り」の信仰・儀礼………………高杉博章
津軽・稲垣村松枝遺跡出土の擦文文化資料……………福田友之
アリュート民族のミイラ風習―樺太アイヌのミイラと比較して
　………スチュアート　ヘンリ
栗沢町由良A遺跡出土の遺物
　………………………富永慶一

◆**考古学雑誌** 第72巻第3号 日本考古学会 1987年2月 B5判 148頁

「屈折像土偶」について
　………………………磯前順一
日本古代の鉄製鍬先，鋤先につい

て………………………松井和幸
ヴェトナムにおける金属器文化の起源…………………横倉雅幸
大阪府和泉市仏並遺跡の土面
　………………………岩崎二郎
北海道千歳市ママチ遺跡出土の土製仮面…………………長沼　孝
甲斐白鳳時代寺院の一様相―敷島町天狗沢窯址発見鐙瓦について
　………………………末木　健
大阪府堺市百舌鳥陵南遺跡出土木製鞍の復元……………神谷正弘
朝鮮民主主義人民共和国考古学界における最近の動向…西谷　正

◆**書陵部紀要** 第38号 宮内庁書陵部 1987年2月 B5判 129頁

宇度墓出土の埴輪……土生田純之
昭和六十年度陵墓関係調査概要
皇居参観者休所建設工事に伴う調査による江戸城三の丸の出土品

◆**長野県考古学会誌** 第53号 長野県考古学会 1987年2月 B5判 57頁

西一里塚遺跡の外来系土器―西一里塚遺跡採集の榛状浮文土器をめぐって……………小山岳夫
新潟県新井市岩ノ立遺跡―縄文後期初頭の土器溜り―
　………小島正巳・早津賢二
更埴市・大池南遺跡出土土器について………………佐藤信之
早期縄文時代長野県栃原岩蔭遺跡出土の哺乳動物―第6報　イヌおよび中・小型食肉類―
　…宮尾嶽雄・西沢寿晃・花村肇
坪井正五郎の「人類学講義」と松本人類学会の創設……宮下健司
延喜以前の東山道―押野谷美智子

◆**信濃** 第39巻第3号 信濃史学会 1987年3月 A5判 80頁
長野県における古墳編年基礎資料
　（一）―中期古墳資料―
　………………………松尾昌彦

◆**古代文化** 第39巻第1号 古代学協会 1987年1月 B5判 50頁
敷石住居終焉のもつ意味（1）
　………………………山本暉久
宇部台地における旧石器時代遺跡（6）―南方遺跡その2―
　………山口県旧石器文化研究会

◆**古代文化** 第39巻第2号 1987

年2月　B5判　50頁
敷石住居終焉のもつ意味（2）
　………………………山本暉久

◆**古代文化** 第39巻第3号 1987年3月 B5判 48頁
敷石住居終焉のもつ意味（3）
　………………………山本暉久

◆**古代学研究** 第113号 古代学研究会 1987年3月 B5判 46頁

太田川中流域における弥生文化の進出…………………永井義博
湖西地域南部における群集墳の構造と系譜（上）―熊ヶ谷古墳群測量調査報告―
…森下浩行・坂　靖・細川康晴
兵庫県西脇市岡之山周辺の古墳
　………………………岸本一郎
庄内式から布留式へ―米田氏の批判文に寄せて―……寺沢　薫

◆**佛教文化研究所紀要** 第25集 龍谷大学佛教文化研究所 1986年10月 B5判 150頁
古代陸奥国における仏教受容形態に関する一考察―福島市所在腰浜廃寺を例に―……神　英雄

◆**考古学研究** 第33巻第2号 考古学研究会 1986年10月 A5判 144頁

ヨーロッパとくにドイツの学問的伝統における先史時代区分の諸問題………ギュンター・スモラ
　　　　　　　　　　　小野　昭訳
東北・北海道史の区分…林　謙作
南九州の時代区分について
　………………………新東晃一
オホーツク文化のイヌの装飾肢骨について………………枡本　哲
出羽国南半の須恵器生産をめぐって―須恵器生産の一，二の考察
　―……………………村山正市

◆**考古学研究** 第33巻第3号 1986年12月 A5判 142頁

縄文後晩期の刀剣形石製品の研究（上）………………後藤信祐
前方後円墳成立期の播磨・揖保川流域……………………岸本道昭
弥生時代鉄製武器に関する試論―北部九州出土の鉄剣・鉄刀を中心に―………………大庭康時
山西省太原西郊王門溝出土の卵形三足甕……………秋山進午

107

学界動向

「季刊 考古学」編集部編

九州地方

主体部のわきにミニ石室 熊本県教育委員会が調査を進めている鹿本郡菊鹿町松尾の黄金塚古墳で、主体部の横穴式石室の入口脇にミニの横穴式石室がつくられているのが発見された。同古墳は標高123mの丘陵の頂点にある円墳で、原形は高さ4.5m、直径15m程度で、6世紀半ばから終末ごろに築造されたとみられている。ミニ石室は羨門に向かって右脇で、30〜40cmの角礫を積み上げた奥行40cm、幅50cmほどのもの。墳丘の裾の一部を切り取って付設されたらしく、また石積みの下に須恵器が混入していることから、このミニ石室は6世紀末から7世紀初めにつくられたらしい。羨門は大人の腕が入るくらいの大きさであることから、天井石を外して火葬骨を納めた可能性もある。

5世紀の竪穴系横口式古墳 佐賀県東松浦郡浜玉町谷口の国史跡・谷口古墳の西側石室は全国でも古いタイプの竪穴系横口式石室であることがわかった。谷口古墳は復元長77mの前方後円（方）墳で石室の天井が合掌形をしている竪穴系古墳として有名。近年崩壊が進んだため、佐賀県教育委員会と浜玉町教育委員会が調査を続けていた。石室は縦3.2m、横は奥部が1.8m、前部が1.4mの羽子板状で、残存する石壁を調査したところ、南側に他の三方とは異なった石積みで封鎖した入口とみられる部分がみつかったことから、竪穴式から横穴式への過渡期とされる竪穴系横口式であることがわかった。両石室とも単葬であることから、大陸文化に敏感な豪族が大陸の横穴式石室をいち早くとり入れたのではないかとする意見もある。

弥生後期の高地性集落 福岡県朝倉郡杷木町池田の西ノ迫遺跡で弥生時代後期後半の環濠をめぐらした竪穴住居群が発見され、高地性集落であることがわかった。同遺跡は標高131mの山の尾根上にあり、竪穴住居跡3軒からなる。3.5×4.5m、2m×？、4.6×？の大きさで、環濠は南側にあり、幅4〜1.3m、深さ1.5mで全長は46m。出土遺物は壺・甕各1点のみだが、現場は急斜面で環濠も深く、防禦には最適の場所と考えられる。またすぐ近くの平地には同時期の前田遺跡（住居跡10数軒）があり、両遺跡の関連が注目される。さらに同遺跡からは奈良時代の土壙も7基検出されている。この土壙のうち4基は、非常によく焼けており、地形から狼火の跡かとも考えられる。

四国地方

弥生後期の住居跡 松山市教育委員会が発掘調査を行なっている松山市中村1丁目、国道11号線沿いの中村松田遺跡で、弥生時代後期の住居跡7軒と鳥を象ったと思われる注口土器が発見された。発見された遺構は隅丸方形竪穴住居跡5軒と円形竪穴住居跡2軒、土壙13基と溝1条で、とくに北西隅の住居跡からは壺や高坏、甕など大量の土器が投棄されていた。この中には高さ13〜14cmの鳥を象ったとみられる土器も含まれていた。また他の住居跡からは土器作り用と思われる粘土塊も出土した。この遺跡は南方約500mにある釜ノ口遺跡（弥生後期）とともに石手川に沿った低湿地で稲作を営んでいた弥生人の集落跡とみられている。また同遺跡の北西部から奈良時代の掘立柱建物跡の一部がみつかったが、これが白鳳期の中村廃寺に関連するものかどうか判明していない。

弥生前期の墓地 徳島大学医学部埋蔵文化財保護対策委員会が発掘を進めている徳島大学医学部同窓会館建設予定地（徳島市蔵本町3丁目医学部構内）で弥生時代前期の集団墓29基がみつかった。墓は内法1.65m、0.55m、深さ0.4mとそれよりやや小ぶりの石棺墓計2基、長径2〜1.7mの楕円形をなす配石墓15基、長径2mの楕円形の土壙墓11基、長径1.3mのカメ棺墓1基。壺や鉢の弥生土器や管玉なども出土したが、人骨はみつかっていない。現場は蔵本キャンパス南端にあり、庄遺跡の一角にあたる。

平地部で銅鐸発見 徳島市名東町2丁目の名東遺跡で名東遺跡発掘調査委員会による発掘調査が行なわれ、弥生時代中期に属すると思われるほぼ完形の銅鐸が発見された。この銅鐸は高さ39.5cm、底部の長径19.5cm、同短径9.5cm、鈕高10.2cm、鈕幅6.5cmの扁平鈕式六区画袈裟襷文銅鐸。東西方向に鰭を上・下にして埋められていたが、4種類の砂や土を使って数回にわけて丁寧に埋められていたことがわかった。銅鐸はこれまで山麓での出土がほとんどで、今回のように平地部で発見されたのは珍しい。

中国地方

東広島市から旧石器の集落跡 東広島市西条町の広島大学新キャンパス内で旧石器時代の住居跡5軒が発見された。広島大統合移転地埋蔵文化財調査委員会が調査を進めていたもので、現場は新キャンパスの中央部にあたる国際交流会館建設予定地のガガラ山南西斜面の西ガガラ遺跡。直径10〜20cm、深さ30cmほどの柱穴が100本ちかくと流紋岩製のナイフ形石器が約10点出土した。住居跡は直径3〜4mで平地式。互いに切り合っている部分もあることから、同

時に存在したのは2～3軒とみられる。そのほか，円形または楕円形のピット（長径1～2m，短径0.5～1.0m）も20基以上発見された。

横穴から花形象眼の直刀　島根県教育委員会が発掘調査を進めている松江市上乃木町の奥山遺跡の横穴から鉄製直刀や須恵器などが発見された。現場は県立女子短期大学建設予定地の丘陵斜面で，これまで7世紀後半の横穴3基が確認されているが，調査対象外となっている南斜面には他に10～15基存在するとみられている。直刀は長さ114cmの大型儀仗刀で須恵器の壺と蓋杯とともに出土した。この直刀をX線透視したところ，刀身の根元の両面に直径約2cmの花形文様が浮かび上がった。文様は金ないし銀象眼と思われる。またこの刀は6世紀前半に作られたと推定されることから，100年以上も伝世したことが知られる。さらに隣の横穴からは人骨片も発見されたが，鑑定の結果，15～20歳の成人2体と幼児1体の計3体と判明した。

―――――――――近畿地方

明石城から木桶組みの井戸　江戸時代の明石城武家屋敷跡の発掘調査が行なわれているJR明石駅前（明石市大明石町1）で，近畿地方では珍しい木桶組みの井戸が発見された。現場は明石城絵図面などによると中堀太鼓御門に近い中級の武家屋敷跡で，3基の井戸はいずれも直径約70cm，深さ約1mの木桶の底を抜き，6段に積み重ねている。桶井戸は12世紀ごろから北九州などで盛んに使われたが，江戸時代の本州では素掘りか石組み，瓦組みのもので，江戸時代初期の桶組み井戸は近畿地方ではきわめて珍しい。なお，竹管や土管で湧き水を引いた簡易水道や水琴窟，泉水などの遺構も出土している。これまでに調査例の少ない近世城郭と武家屋敷の構造やその生活を裏づける資料として興味深いものがある。

イイダコツボの窯跡？　明石市大久保町西島の江井島港近くにある酒造会社敷地（出張遺跡）で明石市教育委員会による発掘調査が行なわれ，奈良時代・中世のタコツボを焼いたとみられる窯跡などが発見された。検出された遺構は粘土採掘坑14基と灰層，溝で，出土した土器には奈良時代のイイダコツボや須恵器のほか，鎌倉時代の捏鉢，甕，椀，イイダコツボなどが含まれており，長い期間焼き物生産が行なわれていたことを示している。明石一帯では現場近くの赤根川遺跡や神戸市西区の弥生時代の集落跡・玉津田中遺跡から大量のイイダコツボが出土しており，播磨灘において古代～中世にかけて盛んにタコツボ漁の行なわれていたことが確認された。

豊臣時代初期の城下町　大阪府教育委員会は大阪市東区大手前之町の府立大手前高校敷地内で発掘調査を行ない，豊臣秀吉が築いた大坂城三の丸の遺構下層から豊臣時代初期の城下町の遺構を発見した。秀吉は天正11年（1583）に本丸，二の丸とともに城下町づくりを開始したが，今回の発掘現場は三の丸新設工事のため慶長3年（1598）に撤去された地域にあたり，わずか15年だけ存在した城下町。遺構は上下2層にわかれ，一度火災にあってその後同じ場所にそっくり再建されたらしい。上層から6棟，下層から4棟発見されたが，家は道路に面した側だけ立ち並び，家の裏には井戸や多数のごみ穴が掘られていた。道路は2間幅でつくられ，道路の両側に半間幅の側溝を造っている。また家の床下には丸瓦を組み合わせたり木で箱状に組んだ下水管が埋められていた。遺物としては金の柄の小柄や直径50cmの木臼，砧，手鉤，下駄のほか，銀の箸，漆碗，曲物，錐，白布，竹光，羽子板，木製台付の砥石など当時の生活をしのばせるものがある。

峰ケ塚古墳は二重濠　大阪府羽曳野市軽里2丁目の古市古墳群の一つである峰ケ塚古墳が羽曳野市教育委員会によって調査され，古墳周辺部から濠跡を発見した。同古墳の南側には内濠（幅約20m）が池となって残っており，今回確認した濠は二重目であることがわかった。外濠は幅7～8.5m，深さ1.5～2.0mで，総延長は約100m。濠の埋土からは6世紀前半の特徴をもつ須恵質の埴輪と内堤の葺石が崩落したとみられる直径20～30cmの石が約300個出土した。また濠の底は砂層があり水が流れていた形跡があるため濠の一部が東へ延びて古市大溝につながっていた可能性もある。外濠の発見で古墳の規模も全長約170mと大きく考えられるようになったことで大王陵の可能性も出てきた。

奈良時代の豪族名入木簡　高槻市教育委員会が第3次の発掘調査を行なっている高槻市五領町の梶原南遺跡で，奈良時代の建物跡とともに地方豪族の姓が書かれた木簡や鉸具が出土した。これまでに発見されたのは奈良時代の建物跡11棟分と井戸5基などで，建物跡はこれで計17棟となった。木簡は深さ1mの井戸の底から出土したもので，長さ22.0cm，幅2.4cmで，片面に「新屋首乙賣」の人名が書かれていた。新屋首姓は文献にはみられないが，茨木市東部に新屋の地名があることから，この地方の豪族と推定される。また鉸具は銅に黒漆を塗ったもので縦幅2.5cm，下級役人が着用していたものとみられる。『続日本紀』に記載され，三島郡島本町桜井付近に

学界動向

あったとみられる大原駅を考古学的に考えるうえで端緒となった。

「小治田宮」墨書の土器 奈良県高市郡明日香村教育委員会が発掘調査を行なっている同村雷の雷丘東方遺跡で、長さ178cm、幅27cm、厚さ5cmの板材を8段積みにした平安時代初頭の井戸の底から「小治田宮」などと墨書された土師器が発見された。小墾田（おはりだ）宮は603年、推古天皇の皇居として造営され、その後奈良時代まで離宮として存続していたことは文献で知られるが、今回の発見で平安時代に入っても存在していたことがわかった。墨書土器には「小治田宮」11点、「小治宮」1点、「福嗣」1点、「副」1点（以上9世紀初頭）、「□城下」1点、「宮」1点、墨痕のみで不明1点（以上9世紀中葉）、「□雷寺」1点（9世紀後半）などがあり、付近からは飛鳥時代から奈良時代、平安時代初期にかけての大型建物跡が多く検出されている。なお、同遺跡から飛鳥川をへだてた西約400mの同村豊浦には飛鳥時代の掘立柱建物や石溝が出土した小墾田宮推定地がある。

聖徳太子の上宮跡？ 桜井市教育委員会が発掘調査を行なっていた桜井市上之宮の上之宮（うえのみや）遺跡で6世紀後半〜末期と推定される石組溝と石敷が発見され、聖徳太子が幼少年期から青年期にかけて住んでいた上宮（うえのみや、かみつみや）の跡ではないかと推定されている。現場は桜井市の中心部から約2km南で、寺川に面した緩やかな傾斜地。石組溝は長さ12m以上、幅・深さとも50cm前後で壁面は両抱えくらいの大きさの自然石を横2列に並べ、寺川に排水している。石敷は4m×6mの範囲に小石あるいは人頭大の石を二重に敷きつめていた。上之宮の地名が「上宮厩戸豊聡耳太子」に由来するものであり、飛鳥時代の宮殿遺跡では必ず石組溝と石敷が発見されていること、また出土した須恵器の年代などからみて、聖徳太子の上宮である可能性が強い。さらに6世紀前半から後半にかけて築かれたらしい土坑状遺構の中から多数の馬の歯や骨片がみつかり、雨乞いなどが行なわれた祭祀跡ではないかとみられている。

宮滝遺跡から聖武期の建物跡 飛鳥時代から平安時代にかけて天皇がしばしば行幸した吉野宮（吉野離宮）跡でないかとみられている奈良県吉野郡吉野町宮滝の国史跡・宮滝遺跡で県立橿原考古学研究所による発掘調査が行なわれ、聖武天皇期とみられる奈良時代前半に建てられた掘立柱建物跡2棟と、吉野宮の中心部を仕切ったとみられる大規模な柵列跡を検出した。柵列は総延長が少なくとも150mは推定できる大規模なもので、柱穴の掘形は一辺1.2〜1.3m、直径20cmの柱が建っていたらしい。この柵列の東6mから東西2間×南北4間以上、さらにこの東からも東西2間×南北1間以上のいずれも南北棟が発見された。これまでに発見された柵列東側の建物跡はすべて南北棟だが、一方柵の西側から発見された建物が東西棟であったことから、この柵列が宮殿の境を示し、西が天皇の居住区、東が役所だったのではないかとの見方もある。さらに5世紀後半の須恵器約10点も出土し、これまでの空白期を埋める遺物として注目されている。

舞鶴市から隆起線文系土器 京都府埋蔵文化財調査研究センターが発掘調査を進めていた舞鶴市字志高の志高遺跡で、縄文時代草創期の隆起線文土器片1点がみつかった。長さ約5.5cmの小片で、爪形文土器片十数点、異条斜縄文土器片3点、条痕文土器片10点とともに出土した。土器片が出土した粘土層（地表下6.5m）の上には厚さ約1mの砂層（無遺物層）があり、さらにその上に縄文時代前期初頭の羽島下層II式土器を含む層があった。これまで近畿地方で発見された草創期の土器は福知山市の武者ヶ谷遺跡から出土した刺突文土器ぐらいのものであり、また隆起線文と爪形文土器・条痕文土器が同一層から出土したことから注目を集めている。

――――――――中部地方

漆塗りの木製玉 縄文時代後期中葉から晩期にかけての集落遺跡である金沢市米泉2丁目の米泉遺跡で石川県立埋蔵文化財センターによる発掘調査が行なわれ、晩期中葉の小川跡から漆塗りの木製玉や漆製の櫛が発見された。木製玉は長さ1.5cm、胴の直径0.8cmで、中央に紐を通したとみられる穴があり、表面は朱色の漆がかかっていた。また櫛の幅は8.4cmで歯は欠けているものの持ち手の部分はほぼ原形。表面に朱色の漆が施されていた。さらに晩期の層からは直径約5mの円周上に6本の木柱根が発見された。直径40cm程度と小さいが、チカモリ、真脇両遺跡の巨大木柱根同様、縦に半分に切られている。このほか、東北地方の移入土器を含む大量の土器片、石器、木の実の皮や配石遺構と住居跡の間に晩期中頃の大木の根などが発見された。

――――――――関東地方

弥生後期の環濠集落 横浜市港北ニュータウン埋蔵文化財調査団（岡本勇団長）が発掘調査を進めている横浜市港北区新吉田町の建設予定地内の権田原（ごんたっぱら）遺跡で弥生時代後期の大規模な環濠集落跡が発見された。同遺

跡は早淵川にのぞむ南岸の台地上にあり，全体の規模は約3万6千m²と推定されるが，すでに4割ほどが耕作や土取りで破壊されている。環濠は南北230m，東西約160mの範囲でめぐらされ，ややいびつな長方形。濠の上端は幅4m，深さ2mで，この内側に30〜40軒の竪穴住居跡が発見されたが，全体では100軒を越すものとみられる。また環濠の外側には北に40基，南に約30基の方形周溝墓が確認された。一辺は8〜10m前後で，土器約30個体や碧玉製の管玉6点なども出土した。また住居跡からは壺・甕などの土器類のほか，板状鉄斧も2点出土した。同遺跡の北西には先ごろ国史跡に指定された大塚遺跡があるが，権田原遺跡も拠点集落の1つとみられる。

川越の横穴から人骨4体　川越市遺跡調査会（会長・村田和男教育長）が6月から調査を進めている川越市岸町の岸町横穴群で成人人骨4体が発見された。現場は台地が続く高さ約10mの南斜面で，台地から2mほど下がったローム層に約7m間隔で6基並んでいる。奥行2.1m，間口1.0〜1.5mの玄室をもち，うち1基から3体，他の1基から1体分の人骨がみつかった。土師器片や青銅製の帯金具が出土したことから，横穴は古墳時代末期から奈良時代初頭にかけてのものとみられている。これまでにも付近では11基の横穴がみつかっており，8体の人骨が検出されている。

人名入りの紡錘車　昨年2月，本庄市の南大通り線内遺跡で平安時代前期の紡錘車が発見されたが，年代と思われていた部分と不明な部分は人名とわかり，注目を集めている。この紡錘車は住居跡の北側床面から出土したもので，直径4.1cmの石製。左回りの方向に刻まれた文字は「武蔵国児玉郡草田郷□□大同四年□」と読まれていた。ところが，今年になって国立歴史民俗博物館の平川南助教授に鑑定を依頼したところ，後半部分は年号ではなく「戸主大田部身万呂」と人名であることがわかった。大田部は大化改新以前に屯田の開発に携わった集団で，この人物は古墳時代に当地に入植した集団の末裔ではないかとみられている。

埴輪窯が26基　茨城県東茨城郡茨城町小幡にある山林の斜面で埴輪の破片がみつかり，茨城町教育委員会が発掘したところ，幅1.2m，長さ4〜17mの窯跡10基が並んでいるのがみつかった。このうち長さ17mの窯跡2基は重複しており，後に作りかえられたらしい。さらに延長してトレンチの確認調査をした結果，新たに16基を確認，馬や人物など大量の埴輪の破片も出土した。ほかに工房址1軒，溝条遺構3条も発見されている。今後の調査ではさらに窯跡がふえ，30基以上になるのではないかとみられている。なお，山林の東側では30年ほど前に，4地点から10基ほどの窯跡がみつかった小幡北山埴輪製作遺跡（A〜D地区）がある。これらとの関連から，今回確認区域をE地区と命名した。

前方後方墳から方格規矩鏡　群馬県埋蔵文化財調査事業団が関越自動車道上越線の建設に伴って調査を進めていた富岡市上高瀬の北山茶臼山西古墳は前方後方墳であることがわかった。また主体部やその表土近くから方格規矩鏡や銅剣形の鉄剣，鉄斧，ガラス玉などが出土し，4世紀後半から末にかけて造られた県下でも古式の古墳の1つであることがわかった。同墳は富岡市の史跡に指定されている北山茶臼山古墳の西側にあり，

昭和30年ごろ変形四獣鏡が発見されている。

──────── 東北地方

弥生中期の水田跡　いわき市教育文化事業団が発掘を進めていたいわき市内郷御厩町の久世原館・番匠地（ばんじょうち）遺跡から弥生時代中期後半の水田跡が発見された。水田は谷地を利用した珍しいもので，約2,400m²の範囲内に幅1〜2.0m，高さ20〜30cmほどの大畔や約2m，深さ約1mほどの水路が長さ約60mにわたって確認された。また割杭使用の杭列もみつかっている。これまでに広さ20m²前後の小区画水田跡4区画が明瞭な形で確認された。形態は一辺約4〜5mの長方形をなす。プラントオパール分析の結果，イネが，また調査では炭化米，炭化籾が検出されている。

江戸〜明治の製塩場　福島県文化センターが発掘を進めていた相馬郡新地町今泉の唐崎遺跡が江戸時代から明治時代へかけての製塩場であることがわかった。同遺跡は5つの製塩場と塩田からなり，各製塩場は塩水を煮つめる釜屋と，塩田で採取した濃い塩水をためる10基から26基のかん水槽を備えており，遺跡は83基にのぼる大規模なもの。また同時に調査を進めている師山遺跡で発見されたかん水槽の壁面に「享保二年」（1717年）の年号が彫り込まれていたことから，同遺跡は江戸時代中期以後のものとみられている。旧新沼浦地区の塩田は干潮を利用した入浜式で，地形を生かして多数の製塩場が営まれた。遺物は，天保銭・寛永通宝・鋳留鉄釜や木製用具などが発見されている。

■第22号予告■

特集 古代の都城——飛鳥から平安京まで

1988 年 1 月 25 日発売
総 112 頁　1,800 円

都城の歴史的意義……………………町田　章
都城制の展開
　宮から京へ………………………清水真一
　都城の定型化……………………井上和人
　都城の爛熟と衰退………………永田信一
都城の構成
　内裏と朝堂………………………小林謙一
　官庁街のパターン………………川越俊一
　宅地利用の実際…………………本中　真
　都城の寺院………………………上原真人
都城の生活
　官人の文書業務…………………綾村　宏
　建設資材の調達…………………毛利光俊彦
　住宅事情…………………………山岸常人

官給食と家庭の食事………………巽淳一郎
穢れの防止対策……………………金子裕之
都城制の周辺
　土地と建物の尺度………………伊東太作
　条坊制と条里制…………………木全敬蔵
　中国都城との比較………………町田　章

────────────────

<連載講座>　日本旧石器時代史　7
　　　　　　　　　　　　　……岡村道雄
<調査報告>
<書　評>
<論文展望>
<文献解題>
<学界動向>

編集室より

◆今月は『季刊考古学』を刊行してからはじめての特大号です。日本の考古学はその研究史の深みのうえからか，縄文文化は大変人気があります。ことに戦後では農耕の存否の問題が大きな主題となり，いまや発掘の上からもその存在を否定する人はほとんどいなくなりました。花粉学や地質学などの科学分析が大いに役立っていることは否めません。そのような中で，地域性という視点からもう一度問題点を洗いだそうとしたのが本号です。権威者の縄文文化論をとっくりみて戴き，研究の方向を汲みあげ

ていただければさいわいです。　　　　　　　（芳賀）

◆弥生文化の西高東低に対して縄文文化の東高西低ということがよくいわれる。遺跡や遺物に関して各時代による差異が存在することはもちろんであるが，地域差の問題も重要である。縄文社会のいくつかの側面にわたり，詳細な検討を加えていくことによって地域性を確認していこうというのが今回の特集のねらいである。地域性をあらわすのはまず土器であり食料，道具，集落である。また座談会では世界的な視点から縄文文化が語られた。多くの部分を省略せざるをえなかったのは残念である。　（宮島）

本号の編集協力者——林　謙作（北海道大学助教授）
1937年東京都生まれ，東北大学大学院修了。『図説発掘が語る日本史　1』「亀ヶ岡と遠賀川」（日本考古学　5）「縄文期の葬制」（考古学雑誌 63—3）「美々4の構成」（芹沢長介先生 還暦記念考古学論叢）などの編著・論文がある。

■ 本号の表紙

落葉広葉樹林と常緑広葉樹林

　縄紋文化の東西の地域性はふるくから注目されているし，それがブナ・クヌギ・ナラなどの落葉広葉樹林（宮城県泉ヶ岳，写真左上）のひろがる地域と，シラカシ・イチイガシ・クスノキなどの常緑広葉樹林（奈良県春日山，写真右下）のひろがる地域と一致していることも周知の事実である。しかし，遺物・遺跡の量ばかりでなく，質の面にまで見られるちがいが，どうして生じたのか，植生の違いだけで説明することはできない。

　この特集では縄紋文化の地域性と呼ばれるものがどのようなすがたを見せているか，それを具体的にとらえることを意図した。（写真左上は内藤俊彦氏撮影，右下は泉拓良氏撮影，中央は富山県朝日町教育委員会提供による不動堂遺跡復原住居）　　　　　　（林　謙作）

▶本誌直接購読のご案内◀

『季刊考古学』は一般書店の店頭で販売しております。なるべくお近くの書店で予約購読なさることをおすすめしますが，とくに手に入りにくいときには当社へ直接お申し込み下さい。その場合，1 年分 6,000 円（4 冊，送料は当社負担）を郵便振替（東京 3-1685）または現金書留にて，住所，氏名および『季刊考古学』第何号より第何号までと明記の上当社営業部までご送金下さい。

季刊 考古学　第21号　　　1987年11月 1 日発行
ARCHAEOLOGY　QUARTERLY　　定価 1,800 円

編集人　芳賀章内
発行人　長坂一雄
印刷所　新日本印刷株式会社
発行所　雄山閣出版株式会社
　　　　〒102　東京都千代田区富士見 2-6-9
　　　　電話 03-262-3231　　振替　東京 3-1685

◆本誌記事の無断転載は固くおことわりします。
ISBN 4-639-00683-7　printed in Japan

季刊 考古学 オンデマンド版　第 21 号　1987 年 11 月 1 日　初版発行
ARCHAEOROGY　QUARTERLY　　　　　　　2018 年 6 月 10 日　オンデマンド版発行

定価（本体 2,400 円＋税）

編集人　芳賀章内
発行人　宮田哲男
印刷所　石川特殊特急製本株式会社
発行所　株式会社　雄山閣　http://www.yuzankaku.co.jp
　　　　〒 102-0071　東京都千代田区富士見 2-6-9
　　　　電話 03-3262-3231　FAX 03-3262-6938　振替　00130-5-1685

◆本誌記事の無断転載は固くおことわりします　　ISBN 978-4-639-13021-5　Printed in Japan

初期バックナンバー、待望の復刻 !!
季刊 考古学 OD　創刊号〜第 50 号〈第一期〉
全 50 冊セット定価（本体 120,000 円＋税）　セット ISBN：978-4-639-10532-9
各巻分売可　各巻定価（本体 2,400 円＋税）

号　数	刊行年	特集名	編　者	ISBN (978-4-639-)
創刊号	1982 年 10 月	縄文人は何を食べたか	渡辺 誠	13001-7
第 2 号	1983 年 1 月	神々と仏を考古学する	坂詰 秀一	13002-4
第 3 号	1983 年 4 月	古墳の謎を解剖する	大塚 初重	13003-1
第 4 号	1983 年 7 月	日本旧石器人の生活と技術	加藤 晋平	13004-8
第 5 号	1983 年 10 月	装身の考古学	町田 章・春成 秀爾	13005-5
第 6 号	1984 年 1 月	邪馬台国を考古学する	西谷 正	13006-2
第 7 号	1984 年 4 月	縄文人のムラとくらし	林 謙作	13007-9
第 8 号	1984 年 7 月	古代日本の鉄を科学する	佐々木 稔	13008-6
第 9 号	1984 年 10 月	墳墓の形態とその思想	坂詰 秀一	13009-3
第 10 号	1985 年 1 月	古墳の編年を総括する	石野 博信	13010-9
第 11 号	1985 年 4 月	動物の骨が語る世界	金子 浩昌	13011-6
第 12 号	1985 年 7 月	縄文時代のものと文化の交流	戸沢 充則	13012-3
第 13 号	1985 年 10 月	江戸時代を掘る	加藤 晋平・古泉 弘	13013-0
第 14 号	1986 年 1 月	弥生人は何を食べたか	甲元 真之	13014-7
第 15 号	1986 年 4 月	日本海をめぐる環境と考古学	安田 喜憲	13015-4
第 16 号	1986 年 7 月	古墳時代の社会と変革	岩崎 卓也	13016-1
第 17 号	1986 年 10 月	縄文土器の編年	小林 達雄	13017-8
第 18 号	1987 年 1 月	考古学と出土文字	坂詰 秀一	13018-5
第 19 号	1987 年 4 月	弥生土器は語る	工楽 善通	13019-2
第 20 号	1987 年 7 月	埴輪をめぐる古墳社会	水野 正好	13020-8
第 21 号	1987 年 10 月	縄文文化の地域性	林 謙作	13021-5
第 22 号	1988 年 1 月	古代の都城—飛鳥から平安京まで	町田 章	13022-2
第 23 号	1988 年 4 月	縄文と弥生を比較する	乙益 重隆	13023-9
第 24 号	1988 年 7 月	土器からよむ古墳社会	中村 浩・望月 幹夫	13024-6
第 25 号	1988 年 10 月	縄文・弥生の漁撈文化	渡辺 誠	13025-3
第 26 号	1989 年 1 月	戦国考古学のイメージ	坂詰 秀一	13026-0
第 27 号	1989 年 4 月	青銅器と弥生社会	西谷 正	13027-7
第 28 号	1989 年 7 月	古墳には何が副葬されたか	泉森 皎	13028-4
第 29 号	1989 年 10 月	旧石器時代の東アジアと日本	加藤 晋平	13029-1
第 30 号	1990 年 1 月	縄文土偶の世界	小林 達雄	13030-7
第 31 号	1990 年 4 月	環濠集落とクニのおこり	原口 正三	13031-4
第 32 号	1990 年 7 月	古代の住居—縄文から古墳へ	宮本 長二郎・工楽 善通	13032-1
第 33 号	1990 年 10 月	古墳時代の日本と中国・朝鮮	岩崎 卓也・中山 清隆	13033-8
第 34 号	1991 年 1 月	古代仏教の考古学	坂詰 秀一・森 郁夫	13034-5
第 35 号	1991 年 4 月	石器と人類の歴史	戸沢 充則	13035-2
第 36 号	1991 年 7 月	古代の豪族居館	小笠原 好彦・阿部 義平	13036-9
第 37 号	1991 年 10 月	稲作農耕と弥生文化	工楽 善通	13037-6
第 38 号	1992 年 1 月	アジアのなかの縄文文化	西谷 正・木村 幾多郎	13038-3
第 39 号	1992 年 4 月	中世を考古学する	坂詰 秀一	13039-0
第 40 号	1992 年 7 月	古墳の形の謎を解く	石野 博信	13040-6
第 41 号	1992 年 10 月	貝塚が語る縄文文化	岡村 道雄	13041-3
第 42 号	1993 年 1 月	須恵器の編年とその時代	中村 浩	13042-0
第 43 号	1993 年 4 月	鏡の語る古代史	高倉 洋彰・車崎 正彦	13043-7
第 44 号	1993 年 7 月	縄文時代の家と集落	小林 達雄	13044-4
第 45 号	1993 年 10 月	横穴式石室の世界	河上 邦彦	13045-1
第 46 号	1994 年 1 月	古代の道と考古学	木下 良・坂詰 秀一	13046-8
第 47 号	1994 年 4 月	先史時代の木工文化	工楽 善通・黒崎 直	13047-5
第 48 号	1994 年 7 月	縄文社会と土器	小林 達雄	13048-2
第 49 号	1994 年 10 月	平安京跡発掘	江谷 寛・坂詰 秀一	13049-9
第 50 号	1995 年 1 月	縄文時代の新展開	渡辺 誠	13050-5

※ 「季刊 考古学 OD」は初版を底本とし、広告頁のみを除いてその他は原本そのままに復刻しております。初版との内容の差違は
　　ございません。

　「季刊 考古学　OD」は全国の一般書店にて販売しております。なるべくお近くの書店でご注文なさることをおすすめしますが、とくに手に入り
にくいときには当社へ直接お申込みください。